Rhagair

Yn ei lyfr am daith trwy Gymru yng nghwmni'r Archesgob Baldwin dywed Gerallt Gymro iddynt ymweld, yn gynnar ym mis Ebrill 1188, ag Abaty Ystrad Fflur. Estynnwyd croeso iddynt yn westeion, a buont yna am beth amser. Nid yw Gerallt yn sôn am yr abaty, nac am ei drigolion, nac am sut roeddent yn byw, oherwydd y byddai ei ddarllenwyr yn gyfarwydd â mynachlogydd a sut roeddent yn gweithio. I'r rhan fwyaf o bobl heddiw, ar y llaw arall, er bod mynachlogydd Sistersaidd yn bod o hyd, mae bywyd mynachod a'r brodyr lleyg yn hollol anghyfarwydd. Wrth ymweld ag adfeilion adeiladau'r abaty, gall fod yn anodd dychmygu pwy oedd y trigolion a sut y treulient eu hamser.

Nod y cyhoeddiad hwn, y pedwerydd mewn cyfres o lyfrynnau sy'n ceisio dehongli Ystrad Fflur, yw gwneud yn iawn am y diffyg dealltwriaeth yma. Dyma grynhoad o'r hyn sy'n hysbys am fynachod Sistersaidd yn yr oesoedd canol, a'u ffordd o fyw: sut y deuent yn fynachod, pa effaith y câi rheolau ar eu hymddygiad, sut y cynhalient eu gwasanaethau a defodau crefyddol, sut y byddent yn astudio, gweithio, bwyta a chysgu. Darllenwn hefyd am y *conversi* neu frodyr lleyg, a oedd yn gyfrifol am y mwyafrif o'r tasgau corfforol yn yr abaty, ac am y modd y croesewid ymwelwyr a gwesteion.

Mae Ymddiriedolaeth Ystrad Fflur yn dra diolchgar i Janet Burton, Athro Hanes yr Oesoedd Canol ym Mhrifysgol Cymru Y Drindod Dewi Sant, am baratoi'r llawlyfr hwn. Mae Janet yn un o'r awdurdodau blaenllaw ar fynachlogydd canoloesol Cymru ac mae'n dod â blynyddoedd maith o ymchwil ar y Sistersiaid i'r dasg.

Elusen gofrestredig yw Ymddiriedolaeth Ystrad Fflur. Mae ganddi ddau nod: adfer Mynachlog Fawr, y fferm ddrws nesaf i'r Abaty, a defnyddio ei adeiladau i greu Canolfan Ystrad Fflur fel y gall pobl ddysgu am archeoleg a chadwraeth, diwylliant a hanes Cymru, a'r amgylchedd. Gobeithiwn y byddwch yn mwynhau darllen *Bywyd mewn Mynachlog Sistersaidd Ganoloesol*, y bydd yn cyfoethogi eich profiad o ymweld â'r safle rhagorol hwn, ac y byddwch yn ymddiddori yng ngwaith yr Ymddiriedolaeth.

Andrew Green
Cadeirydd, Ymddiriedolaeth Ystrad Fflur

Bywyd mewn Mynachlog Sistersaidd Ganoloesol

Ers y drydedd ganrif ar ôl geni Crist, gallai Cristnogion geisio addoli Duw drwy gilio o'r byd a'i bryderon naill ai i fyw ar eu pennau eu hunain neu fel aelodau o gymuned o bobl o'r un anian. Dyma'r ffenomen rydyn ni'n ei galw'n fynachaeth. Gelwid y rhai a oedd yn byw bywyd unig yn feudwyaid neu'n ancrod, ac roedd y cynharaf a gofnodwyd yn byw yn yr Aifft a Phalestina. Ymrwymodd y rhai a oedd yn byw mewn cymunedau (mynachlogydd) i fywyd cyffredin, gan ymwrthod ag eiddo personol, ac i ddilyn rheol, hynny yw, cyfres o ganllawiau ysgrifenedig a oedd yn nodi sut y dylent dreulio eu dyddiau a sut y dylid llywodraethu eu cymunedau. Yr enwocaf a'r fwyaf dylanwadol o'r rhain oedd Rheol Sant Bened, a luniwyd gan Eidalwr o abad o'r chweched ganrif sy'n rhoi ei enw iddi.

Ffig. 1: Mynachlog Gristnogol Goptaidd enwog Sant Simeon yn Aswan, yr Aifft, sy'n dyddio rhwng y chweched a'r wythfed ganrif.

Roedd Ystrad Fflur yn un gymuned o'r fath. Fe'i sefydlwyd ym 1164 ac roedd ganddi gysylltiad enwog â'r Arglwydd Rhys (Rhys ap Gruffudd), sef prif reolwr de Cymru yn ail hanner y ddeuddegfed ganrif, ac roedd yn perthyn i fudiad mynachaidd rhyngwladol o'r enw Urdd y Sistersiaid. Cymerodd hon ei henw oddi wrth y fam-dŷ, Cîteaux, sydd yn ardal Bwrgwyn o Ffrainc. Mae'r llyfr hwn yn ceisio disgrifio bywyd mewn mynachlog Sistersaidd fel y cawn ddychmygu, wrth gerdded o amgylch olion eglwys a chaeadle'r abaty yn eu safle yn y dirwedd ehangach, fywyd cymuned a breswyliai ar y safle am bron i bedwar can mlynedd tan ei diddymu ym 1539.

Ffig. 2:

Safle Ystrad Fflur ar ymyl gorllewinol Mynyddoedd Cambria yng Ngheredigion. Mae'r olygfa hon a dynnwyd o'r awyr gan Toby Driver o Gomisiwn Brenhinol Henebion Cymru (RCAHMWAP20074936) yn edrych tua'r gorllewin ar draws dyffryn Afon Teifi tuag at Fôr Iwerddon yn y pellter lle safai maenor yr abaty a phorthladd Aber-arth. Mae caeadle'r abaty wedi'i gysgodi'n goch gyda chylch o amgylch olion adeiladau craidd yr abaty, wedi eu crynhoi ar safle fferm Mynachlog Fawr. Mae'r hen adeiladau fferm hyn bellach yn eiddo i Ymddiriedolaeth Ystrad Fflur ac maent yn ganolbwynt i waith ymchwil a chloddio archeolegol parhaus.

Mae'r disgrifiad yn seiliedig yn rhannol ar yr hyn rydym yn ei alw'n 'destunau normadol', sef dogfennau a luniwyd gan ddeddfwyr mynachaidd yn sail i ymarfer mynachaidd. Yn achos Urdd y Sistersiaid y dogfennau hyn oedd Rheol Sant Bened, a ddaeth yn sail i fywyd mynachaidd yn y Gorllewin, a *Carta caritatis* ('Siarter Cariad') y Sistersiaid, a gyfansoddwyd gyntaf gan yr Abad Stephen Harding o Cîteaux (1109–1133/4). Roedd Stephen, Sais a anwyd yn Dorset a fu, wedi gyrfa gymysg, yn fynach ac yna'n abad Cîteaux, yn bwriadu i'r *Carta* fod yn fodd o annog unffurfiaeth ymhlith tai'r Urdd. O bryd i'w gilydd, atgyfnerthwyd neu ategwyd y rhain gan reolau a rheoliadau a luniwyd gan y Cabidwl Cyffredinol Sistersaidd, sef cyfarfod blynyddol o abadau a gynhelid yn Cîteaux. Dylid rhoi gair o rybudd. Ni allai pob cymuned ddilyn yr holl ganllawiau hyn drwy'r amser. Roedd amgylchiadau lleol – topograffi, pwysau gan sylfaenwyr a noddwyr, trefniadaeth gymdeithasol, economi, trychineb naturiol, tywydd eithafol, rhyfela, concwest, a gwladychu – i gyd yn peri y gallai fod amrywiadau ar waith. Mae'r llyfr hwn yn ceisio cadw cydbwysedd rhwng disgrifiadau o fywyd a threfn feunyddiol fel y'u nodwyd mewn testunau normadol a thystiolaeth sy'n deillio o ffynonellau eraill, megis croniclau, bywydau'r seintiau, ac *exempla* neu straeon byrion (fel arfer gyda phwrpas moesol) gan awduron Sistersaidd. Ond yn gyntaf dylem ofyn: pwy oedd y Sistersiaid?

Sut Dechreuodd y Cyfan ...

Mae ein stori yn dechrau ym 1098 neu ychydig cyn hynny. Yn y flwyddyn honno, safai grŵp o fynachod o fynachlog Fenedictaidd Molesme yn rhanbarth Côte d'Or yn Ffrainc, dan arweiniad eu habad, Robert, gerbron eglwyswr pwerus, Hugh, archesgob Lyon. Roedd Hugh hefyd yn llysgennad y Pab, hynny yw, roedd yn ddirprwy arbennig i'r Pab gydag awdurdod i weithredu fel cynrychiolydd iddo. Bwriad y mynachod oedd mynegi eu hanfodlonrwydd ar lacrwydd defodau mynachaidd ym Molesme ac yn arbennig y methiant i ufuddhau'n llawn i Reol Sant Bened. Fel y nodwyd, roedd y rheol honno'n sail i ddefodau mynachaidd ac roedd y cyhuddiad a osodwyd gan frodyr Molesme felly'n un difrifol. Argyhoeddwyd Hugh gan eu dadleuon, ac o ganlyniad caniataodd iddynt ddychwelyd am gyfnod byr i Molesme cyn ymadael i ddod o hyd i le arall lle gallent fyw'n symlach ac yn dlotach. Felly y dechreua'r disgrifiad o wreiddiau mynachlog Cîteaux, a elwir *Exordium parvum* (y 'Dechreuad Bach'). Nid enwyd yr awdur – er ei fod yn amlwg yn fynach Sistersaidd – ac, yn ôl pob tebyg, dechreuodd ysgrifennu yn y 1120au, ryw ddau ddegawd ar ôl sefydlu'r fynachlog.

Byddai naratifau Sistersaidd, megis yr *Exordium parvum*, o bryd i'w gilydd yn cael eu hailysgrifennu, eu helaethu, a'u hailwampio i weddu i gyd-destunau newydd. Serch hynny, mae prif amlinellau'r hyn a ddigwyddodd ym 1098 a'r blynyddoedd canlynol yn ddigon clir, a dechreuodd yr arbrawf pwysicaf a mwyaf llwyddiannus yn hanes mynachaeth yr Oesoedd Canol gydag ymadawiad Robert a'i fynachod am safle a ddisgrifiwyd fel y diffeithwch, 'anialwch', sef lle ymhell o anheddau dynol. Aethant ati yno i glirio'r tir, adeiladu mynachlog bren syml, a chyda chaniatâd yr esgob lleol, dechrau bywyd mynachaidd dan arweiniad Robert, a oedd bellach yn abad yr hyn a elwid ar y dechrau y Fynachlog Newydd.

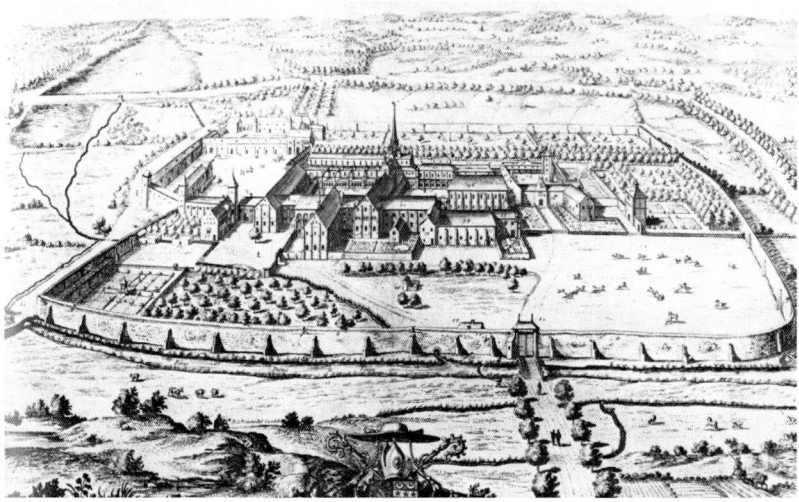

Ffig. 3: Cîteaux fel y'i darlunnir mewn engrafiad o 1674 gan Brissart cyn iddi gael ei dinistrio'n helaeth ar ôl y Chwyldro Ffrengig. Ymhlith y nodweddion allweddol mae'r corff cryno o adeiladau mawr gan gynnwys yr eglwys wedi eu gosod o amgylch cloestr a'r cyfan wedi'i amgylchynu gan fur cyffin a gerddi a pherllannau o'i fewn hefyd (Bibliothèque Nationale de France).

Roedd naratifau'r sefydlu, yn enwedig yr *Exordium parvum*, yn awyddus i bwysleisio bod y sefydliad newydd wedi ei awdurdodi a'i amddiffyn gan yr Eglwys – y pab a nifer o esgobion. Ar ben hynny, sicrhawyd ganddynt fod y Fynachlog Newydd yn cyd-fynd â dau draddodiad pwysig. O ddefnyddio geiriau fel 'anialwch', 'diffeithwch', ac 'unigedd' y bwriad oedd cofio anialdiroedd yr Aifft a Phalestina, lle ganwyd mynachaeth yn y drydedd ganrif. Bywyd unig oedd y bywyd mynachaidd yno, a'r mynachod yn byw ar eu pennau eu hunain neu mewn grwpiau bychain, yn bell o ddinasoedd a chanolfannau poblogaeth yr Ymerodraeth Rufeinig. Ail nodwedd bwysig yr *Exordium parvum* yw'r pwyslais ar Reol Sant Bened, a oedd yn ôl Bened ei hun yn 'rheol fach i ddechreuwyr'. Byddwn yn dychwelyd i'r Rheol yn fuan i ddysgu sut roedd Bened yn rhagweld bywyd pob dydd o fewn ei fynachlog. Erbyn 1098, pan adawodd Robert a'i fynachod Molesme, roedd mynachaeth yn dal i gynrychioli bywyd i ffwrdd o gymdeithas i'r unigolion hynny a'i dewisai. Fodd bynnag, fel corfforaethau, roedd mynachlogydd yn aml wedi eu rhwydo'n dynn yn y cymunedau ehangach o'u cwmpas. Roeddent yn sefydliadau pwerus (a chyfoethog yn aml) y byddai boneddigion y gymdeithas yn troi atynt i weddïo am eu hiachawdwriaeth eu hunain. Byddai mynachlogydd yn gwneud mwy na bodloni anghenion ysbrydol y rhai a ddaethai o fewn eu muriau. Byddent yn cyfryngu er lles dynolryw.

Traddodiad ac Arloesi

Mewn un ffordd, traddodiadwyr oedd y Sistersiaid. Roeddent yn apelio at y gorffennol mynachaidd – cychwyn cyntaf mynachaeth yn y Dwyrain – ac at Reol Sant Bened, yr awdurdod mynachaidd eithaf yn y Gorllewin. Mewn ffyrdd eraill, roeddent yn arloeswyr. Ni allwn wybod yn iawn beth oedd ym meddyliau'r mynachod a adawodd Molesme ym 1098. Yr hyn y gallwn fod yn sicr ohono yw eu bod yn y blynyddoedd a ddilynodd wedi datblygu'n hyn a ddisgrifiwyd fel yr urdd fynachaidd gyntaf, gan symud o ddehongliad o'r gair Lladin *ordo* yn yr ystyr ffordd o fyw, i ddefnydd sy'n dynodi cynulliad o dai wedi'u dal ynghyd gan beirianwaith gweinyddol uchelgeisiol. Mae'n siŵr mai'r symbyliad ar gyfer y datblygiadau hyn oedd ymlediad rhyfeddol tai o'r Fynachlog Newydd, a hynny i ddechrau i'r ardal o gwmpas Cîteaux. Ym 1113 gadawodd grŵp o fynachod i sefydlu mynachlog yn La Ferté (Saône-et-Loire). Dilynodd Pontigny (Yonne) ym 1114, ac ym 1115 arweiniodd yr enwocaf o'r holl Sistersiaid, Sant Bernard, grŵp i Clairvaux (Aube), i fod yn abad yno tan ei farwolaeth ym 1153. Erbyn 1118 roedd y Sistersiaid yn ehangu'n drydedd genhedlaeth. Roedd rhai abatai eisoes yn bodoli, ac ymunasant â'r urdd newydd o'u gwirfodd, gan dderbyn ei defodau. Sefydlwyd eraill o'r newydd (*de novo*).

Ffig. 4:
Daearyddiaeth sefydlu a gwladychu'r Sistersiaid o'u craidd Bwrgwynaidd i Loegr, Cymru, a'r Alban (o arweinlyfr Cadw).

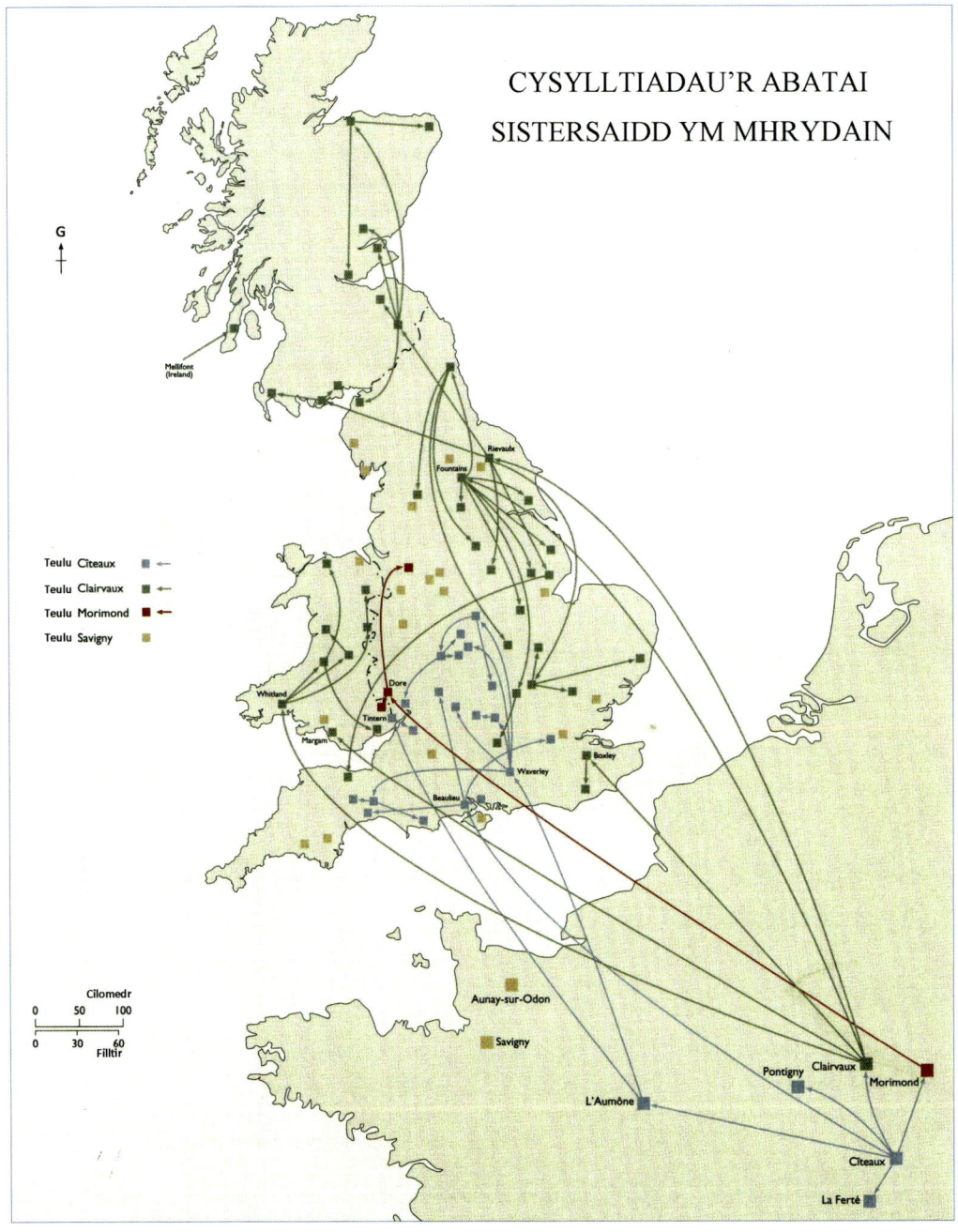

Yn y cyd-destun hwn o dwf y creodd Stephen Harding, abad Cîteaux a anwyd yn Lloegr, y fersiwn cyntaf o ddogfen a elwid *Carta caritatis*, 'Siarter Cariad'. Amlinellodd hyn sut yr oedd tai Sistersaidd i gynnal clymau cariad a oedd yn sail i'w Hurdd. Yma y cawn yr arloesi. Bob blwyddyn, byddai abad pob tŷ Sistersaidd yn gwneud y daith i Cîteaux ar gyfer y Cabidwl Cyffredinol, a gâi ei gynnal ym mis Medi. Yno byddent yn trafod materion o ddiddordeb i'r Urdd, yn disgyblu unrhyw abadau anwadal, yn penodi rhai o'u plith i ymchwilio i anghydfodau rhwng tai, ac – yn ôl yr angen – yn derbyn rheoliadau gyda'r bwriad o sicrhau cadw at Reol Sant Bened a defodau mynachaidd da.

Ffig. 5:
Llawysgrif y *Carta caritatis*: delwedd o Vorarlberger Nachrichten, Rhagfyr 2019.

Y mecanwaith arall a ddyfeisiwyd i sicrhau unffurfiaeth oedd yr ymweliad blynyddol, gan dad-abad, â'r holl dai a sylfaenwyd o'i dŷ ei hun, sef ei ganghennau neu ferch-fynachlogydd. Mae'r ieithwedd deuluol hon yn bwysig ac yn dweud llawer wrthym am y ffordd yr oedd y Sistersiaid yn eu hystyried eu hunain. Felly, roedd Ystrad Fflur yn ferch i Hendy-gwyn ar Daf, a honno'n un o ferched Clairvaux a oedd, fel y gwelsom, yn un o ferched cynharaf Cîteaux ei hun. Roedd Hendy-gwyn ar Daf yn cynrychioli trydedd genhedlaeth yr Urdd ac Ystrad Fflur yn cynrychioli pedwaredd, a byddai Ystrad Fflur yn cynhyrchu dau dŷ arall, sef Llantarnam ac Aberconwy, o'r bumed genhedlaeth.

Tan yn weddol ddiweddar, anwybyddwyd menywod Sistersaidd i raddau helaeth mewn ysgolheictod ar yr Urdd. Mae hyn yn rhannol yn adlewyrchu natur wrywaidd y dystiolaeth ddogfennol swyddogol, sy'n tueddu i ragdybio cyfranogiad gwrywaidd yn unig. Mae hefyd yn gysylltiedig ag anesmwythder ar ran haneswyr ynglŷn â sut – os o gwbl – roedd menywod yn ffitio i strwythur teuluol yr Urdd a'i pheirianwaith biwrocrataidd. Derbynnir bellach fod dynion Sistersaidd fel Stephen Harding ac Abad Bernard o Clairvaux (a ganoneiddiwyd wedyn yn Sant Bernard) o ddechreuadau Cîteaux wedi annog galwedigaeth fynachaidd merched, a bod abatai Sistersaidd i fenywod yn bodoli, hyd yn oed os oedd eu ffordd o fyw a'u cyfansoddiad yn wahanol i dai'r gwrywod mewn rhai ffyrdd.

Ffig. 6:
Merched yr Urdd Sistersaidd (Llyfrgell Brydeinig, MS Yates Thompson 11, f. 1v, tua 1290) Sylwch ar rôl allweddol dynion wrth gynnal y litwrgi.

'Ei Thrawsblannu ar Draws Foroedd Lawer...'

Ar ddyddiad hynod o gynnar – o fewn chwarter canrif i sefydlu Cîteaux – gallai Sais o fynach Benedictaidd o'r enw William o Malmesbury ysgrifennu bod y Sistersiaid erbyn hynny'n cael eu hystyried 'y ffordd sicraf i'r Nefoedd'. Ai eu henw da am sancteiddrwydd, eu symlrwydd a'u llymder, neu eu cyfundrefn aruthrol a apeliodd at sylfaenwyr a noddwyr a roddodd o'u hadnoddau materol i adeiladu mynachlogydd Sistersaidd a chynnal bywyd y mynachod a menywod crefyddol? Mae'n siŵr bod yr ateb yn gyfuniad o'r holl ffactorau hyn, ac eraill. Yr hyn sy'n sicr yw bod brenhinoedd, tywysogion, aelodau o'r bonedd, archesgobion, ac esgobion, am nifer o ddegawdau, wedi sefydlu tai Sistersaidd ledled Ewrop a'r tu hwnt.

Ffig. 7:
Darlun o ledaeniad mynachlogydd Sistersaidd ledled Ewrop.

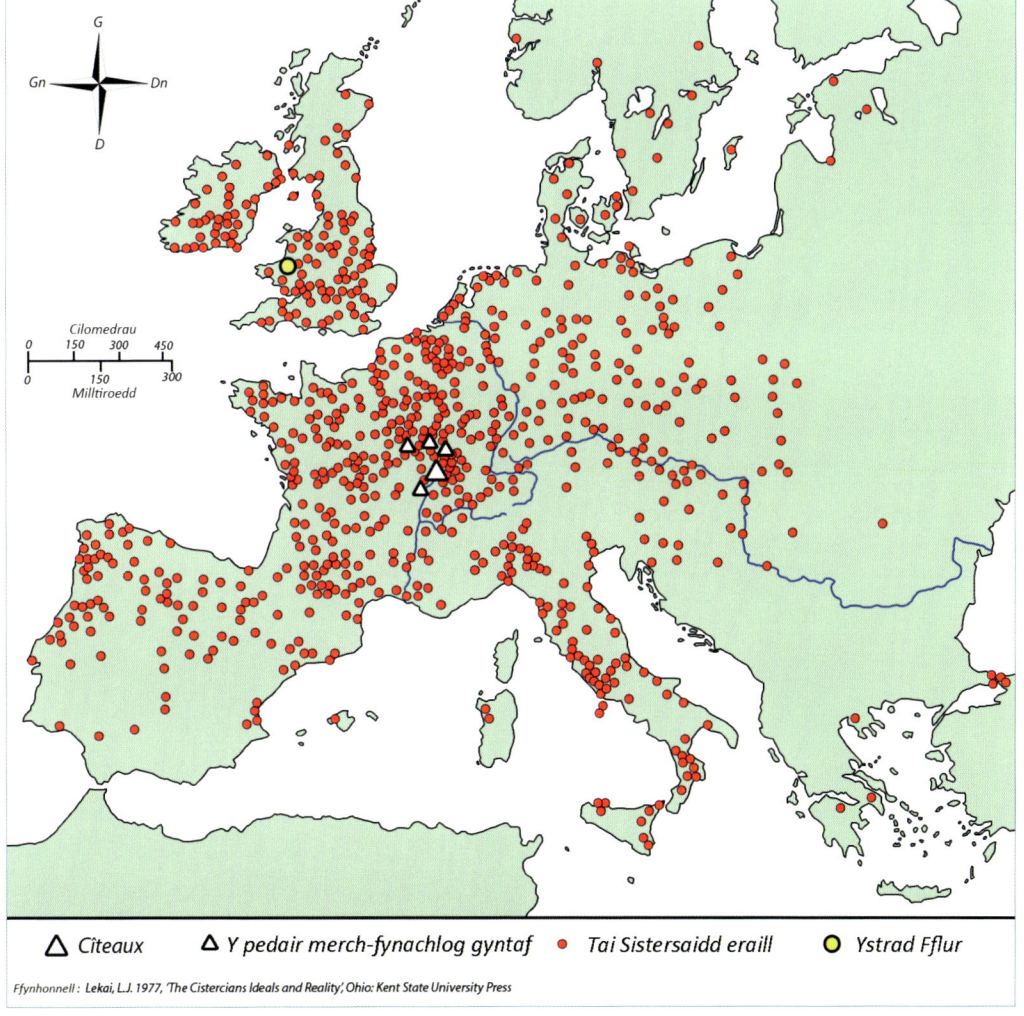

Ffynhonnell: Lekai, L.J. 1977, 'The Cistercians Ideals and Reality', Ohio: Kent State University Press

Ymledodd y mudiad o'i ganolbwynt ym Mwrgwyn i ardaloedd eraill o Ffrainc, i'r Eidal a'r Ymerodraeth Rufeinig Sanctaidd, y tiroedd Cristnogol newydd i'r dwyrain o'r Elbe, Sbaen Gristnogol, tua'r dwyrain i Gyprus a'r Tir Sanctaidd, i'r gogledd i Sgandinafia, ac, o ddiwedd y 1120au, i Loegr, Cymru, yr Alban, ac Iwerddon. Yng ngeiriau mynach o Heisterbach (yr Almaen) cafodd yr Urdd 'ei thrawsblannu ar draws foroedd lawer'. Roedd Ystrad Fflur yn rhan o'r stori fawr hon. Roedd y tŷ merched cyfagos yn Llanllŷr, a oedd yn gysylltiedig mewn rhyw ffordd ag Ystrad Fflur, yn rhan o'r naratif benywaidd, ac roedd ail dŷ Sistersaidd i fenywod yng Nghymru hefyd. Llanllugan ger Trefaldwyn oedd hwn, lle mae delwedd o'r bymthegfed ganrif o abades neu leian wedi goroesi mewn ffenestr wedi ei hadfer.

Ffig. 8:
Ffenestr yn eglwys y Santes Fair yn Llanllugan, Powys, wedi'i gosod ym mur pen dwyreiniol cangell hen eglwys yr abaty, sydd bellach yn eglwys y plwyf. Mae'r darlun hwn o leian neu abades yn dyddio o ganol y bymthegfed ganrif.

Ond mae angen gofyn nawr: beth oedd Sistersiaid y gynulleidfa fawr hon yn ei wneud mewn gwirionedd? Am fod y testunau normadol wedi eu llunio ar gyfer tai Sistersaidd i ddynion, mae'r drafodaeth ganlynol yn ymwneud â bywyd pawb a ffurfiodd eu cymunedau hwythau: y mynachod, y mynach-swyddogion, a'r *conversi* (brodyr lleyg), a thrafodir pob un ohonynt isod. Gadewch inni ystyried yn gyntaf sut y byddai bywyd dyddiol y mynachod yn cael ei drefnu.

Ffig. 9:
Mynegiant gweledol enwog o bwysigrwydd canolog gwaith llaw i'r ffordd Sistersaidd o fyw (canol) (Llyfrgell Prifysgol Caergrawnt, MS Mm.5.31, f. 113r).

'Saith Gwaith y Dydd Rwyf Wedi Eich Moli ... Ganol Nos fe Godais i'ch Moli'

Roedd Rheol Sant Bened yn gosod strwythur gofalus ar gyfer bywyd beunyddiol cymuned fynachaidd. Wrth ei wraidd byddai perfformio litwrgi (gwasanaethau eglwysig), yr oedd Bened yn ei alw'n *Opus Dei* ('Gwaith Duw'). Yn seiliedig ar Salm 119 (y tynnir y dyfyniadau uchod o'r Rheol ohoni) roedd saith achlysur (neu oriau canonaidd) yn ystod y dydd ac un yn ystod y nos, pan fyddai'r mynachod yn ymgasglu yn yr eglwys ar gyfer addoli cymunedol.

Yr Oriau Canonaidd

Roedd yr union amser y cynhelid y gwasanaethau hyn yn amrywio gyda thymor y flwyddyn, ond dechreuai'r diwrnod yn gynnar, a'r gwasanaeth nos (Nos-weddïau, a elwid hefyd yn Wylnosau ac yn ddiweddarach yn Blygeiniau), yn dechrau unrhyw bryd rhwng 1.30 a 2.30 am. Roedd yn bwysig bod yr holl fynachod yn cael eu dihuno ar yr adeg gywir, a'r sacristan (y mynach oedd yn gyfrifol am wasanaethau'r eglwys) fel arfer fyddai'n cyflawni'r dasg hon. Byddai'r sacristan yn canu cloch neu'n taro *tabula* (bwrdd pren) i ddeffro'r mynachod. Cymerai'r mynachod y llwybr byrraf o'u hundy i'r eglwys i lawr y grisiau a elwid yn briodol y 'grisiau nos'. Byddai'r rhain fel arfer yng nghroesfa'r de a gellir gweld enghraifft, gyda'u canllaw, yn Abaty Nedd yn ne Cymru.

Ffig. 10: Y grisiau nos yn adfeilion croesfa'r de yn Abaty Nedd.

Disgwylid i'r mynachod annog ei gilydd i symud mewn modd gweddus, peidio â brysio, a bod yn ymwybodol o'r esgusodion y gallai cysgaduriaid eu gwneud i geisio aros yn y gwely. Gallai fod yn anodd aros ar ddi-hun yn ystod y gwasanaeth nos, ac roedd chwedlau rhybuddiol Sistersaidd yn crybwyll bod mynachod a oedd yn cwympo i gysgu'n cael eu deffro'n annisgwyl. Fe'i cafodd un mynach ei hun yn cael ei gipio wrth ei gwfl (y diwnig â llewys hir a wisgid gan fynach), ei lusgo i'w draed, a'i rybuddio gan yr Arglwydd ei hun i unioni ei ffyrdd. O gael cerydd gan y codwr canu am bendwmpian, brasgamodd brawd arall llai teilwng yn ôl i'r hundy dan bwdu, a chanfod haid o gythreuliaid sgrechlyd yn aros amdano wrth y geudai. Fe lewygodd, cafodd ei gario i'r clafdy – a dysgodd ei wers.

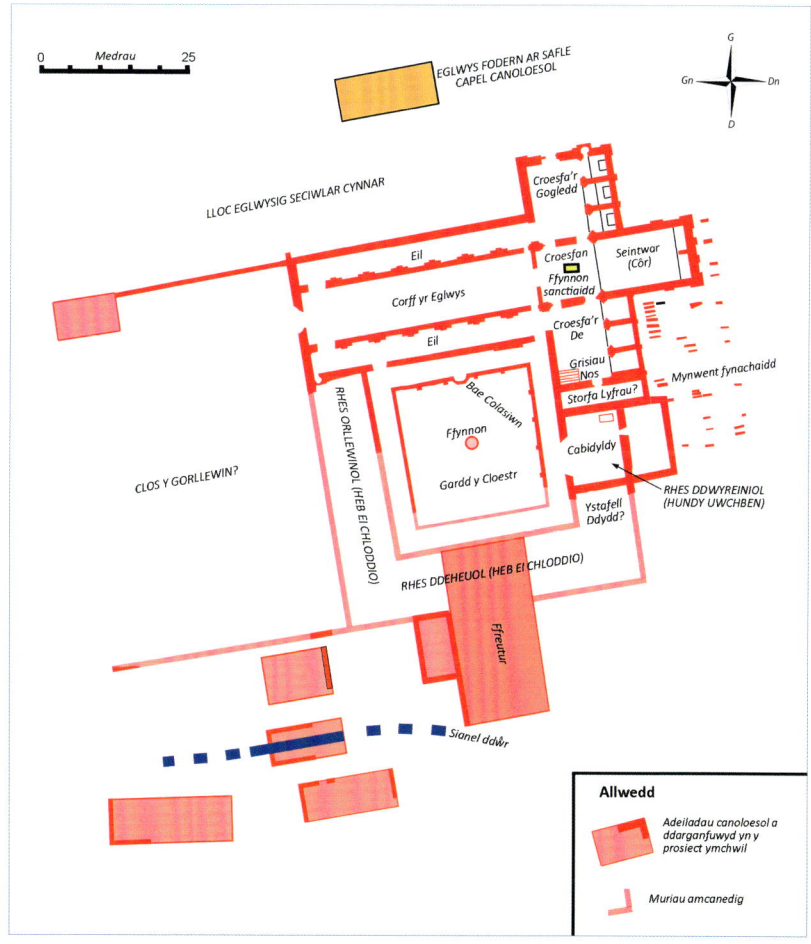

Ffig. 11: Fframwaith pensaernïol defodau crefyddol mynachaidd yn Ystrad Fflur. Mae hyn yn seiliedig ar ganlyniadau'r ymchwil bresennol, gan gynnwys ymgais i ddyfalu sut olwg fuasai ar gynllun cyflawn y cloestrau. Mae yna bethau sylweddol yn anhysbys o hyd, yn fwyaf penodol hyd deheuol y rhesi dwyreiniol a gorllewinol.

Byddai nos-weddïau fel arfer yn para rhyw awr, a byddai seibiant byr cyn y gwasanaeth nesaf, Moliannau, a fyddai'n cael ei ddathlu wrth i olau cyntaf y dydd ymddangos yn yr awyr – unrhyw bryd rhwng 3.00 y bore yn yr haf a 7.30 y bore yn y gaeaf. Yn ystod yr egwyl hon, gallai'r mynachod fodloni 'angenrheidiau natur', neu, yn ystod y cyfnod hirach yn y gaeaf, gallent ddarllen. Yn wahanol i'r Benedictiaid, ni fyddai'r Sistersiaid yn dychwelyd i'r gwely rhwng y ddau wasanaeth ond yn aros yn yr eglwys neu'n eistedd yn y cloestr yn darllen a myfyrio. Byddai gwasanaethau pellach Preim (yr awr gyntaf, codiad haul, sef 4.00am yn yr haf ac 8.00am yn y gaeaf), Ters (y drydedd awr), Secst (y chweched awr), Nonau (y nawfed awr), a'r Gosber (y gwasanaeth gyda'r nos), yn dilyn yn rheolaidd. Dilynai pob gwasanaeth fformat tebyg, gan ddechrau gyda Gweddi'r Arglwydd a pharhau ag emynau, salmau, a llafarganu, a'r cyfan yn cael ei berfformio o dan lygaid barcud y swyddogion mynachaidd a elwid y cantor (y codwr canu) a'r is-gantor.

Wedi'r Gosber, ymgasglai'r mynachod yn y ffreutur am ddiod cyn mynd i'r eglwys ar gyfer y gwasanaeth olaf, y Cwmplin, a fyddai'n digwydd tuag 8.00pm yn yr haf a 4.00pm yn y gaeaf. Cyn hyn ceid darlleniad, neu 'golasiwn'. Argymhellodd Bened y garreg filltir gynnar honno o lenyddiaeth fynachaidd, *Conferences* John Cassian (disgrifiadau o'i ymweliadau â mynachod meudwyaidd yr Aifft) neu fywydau'r Tadau – ond rhybuddiodd rhag rhannau o'r Hen Destament am nad oedd yn briodol i 'feddyliau gwan' glywed y fath bethau yr adeg honno o'r dydd. Roedd y colasiwn yn caniatáu i fynachod ar ddyletswyddau arbennig ddal i fyny â'u cymrodyr cyn dechrau'r Cwmplin. Yn gyffredinol, fe'i cynhelid yn rhes ogleddol cloestr lle gellir gweld olion y ddesg golasiwn yn Ystrad Fflur. Ar ôl diwedd y Cwmplin, byddai'r abad yn ysgeintio dŵr sanctaidd dros y brodyr, a byddent hwythau'n codi eu cyflau ac yn mynd mewn tawelwch i'r hundy.

Roedd y rhaglen ailadroddus o wasanaethau'n atgoffa'r mynachod mai dyma oedd eu prif bwrpas: bod popeth arall yn eu bywydau yn cylchdroi o gwmpas gweddïo ac addoli.

Ffig. 12: Adluniad Terry Ball o'r seintwar neu'r côr ym mhen dwyreiniol yr eglwys Sistersaidd yn Rievaulx, Swydd Efrog (hawlfraint: English Heritage).

Offerennau

Roedd offerennau, a arweiniai at ddathlu Cymun yr Ewcarist neu'r Cymun Sanctaidd, hefyd yn rhan bwysig o addoli. Roedd yr Ewcarist – ac y mae o hyd – yn bwysig i Gristnogion fel y dathliad a benodwyd gan Grist ei hun yn y Swper Olaf er cof am ei farwolaeth ei hun ar y Groes. Roedd yr Ewcarist yn ail-greu rhannu'r bara a gwin a roddodd Crist i'w ddisgyblion, ac mae athrawiaeth Gatholig traws-sylweddiad yn maentumio bod y rhain, adeg y cysegriad, yn troi'n gorff a gwaed Crist. Roedd offeren yn cael ei dathlu gan offeiriad (fel y mae o hyd). Byddai mynachod Sistersaidd yn cymryd cymun bob dydd Sul ac ar ddyddiau gŵyl. Byddai'r offeren yn cael ei dathlu gan un o'r mynachod a ordeiniwyd i'r offeiriadaeth. Yn wahanol i'r Benedictiaid, roedd y Sistersiaid yn annog mynachod unigol i beidio â cheisio ordeiniad, ac mae'n debygol bod offeren yn cael ei dathlu gan yr abad. Fodd bynnag, o'r drydedd ganrif ar ddeg, tyfodd nifer y mynach-offeiriaid, a gellid galw'r rhai nad oeddent yn mynd ymlaen i gael eu hordeinio yn fynachod lleyg. Byddai uchel offeren gwfeiniol yn cael ei dathlu unwaith y dydd (ar ôl Ters). Ychwanegid ail (isel) offeren ar ddydd Sul a dyddiau gŵyl a byddai honno'n cynnwys offeren i'r meirw.

Byddai'r offeren yn cael ei dathlu wrth y brif allor ym mhen dwyreiniol yr eglwys. Gallai swyddogion fel y porthor gael eu hesgusodi rhag mynychu ond nid oedd gollyngiad i eraill o gwbl heblaw'r mynachod sâl ac oedrannus hynny yn y clafdy nad oeddent yn ddigon cryf i gynnal ei gofynion. Daeth yn arfer i fynachod a oedd hefyd yn offeiriaid ddweud offeren breifat yn ddyddiol, a byddai sylfaenwyr a chymwynaswyr abaty yn gofyn am offerennau felly neu'n eu disgwyl i achub eu heneidiau. Gwerthfawrogid gweddïau coffa yn arbennig (hynny yw, gweddïau ar ben-blwydd marwolaeth person) ac am y rheswm hwn yr oedd cymwynaswyr mor hael i'r Sistersiaid. Roedd allorau ychwanegol ar gyfer yr offerennau preifat hyn yng nghroesfâu'r de a'r gogledd, a phan fyddai nifer y brodyr lleyg yn dirywio gellid ailddefnyddio rhannau o gorff yr eglwys i wneud lle i fwy o allorau.

Ffig. 13: (chwith) Y canol o dri chapel ar ochr ddwyreiniol croesfa'r de yn Ystrad Fflur: (dde) Seiliau dwy allor ychwanegol ym mhen dwyreiniol yr eglwys y tu ôl i'r brif allor.

Perfformio

Byddai'r gwasanaethau'n cael eu perfformio mewn ardal o'r eglwys o'r enw côr y mynachod, a oedd yn y groesfan (lle'r oedd dwy fraich siâp croes yr eglwys yn croestorri) ac yn aml, fel yn Ystrad Fflur, yn estyn i faeau dwyreiniol corff yr eglwys (braich hir y groes). Yn Ystrad Fflur roedd hyn yn golygu, wrth i'r mynachod lafarganu'r gwasanaethau, y buasent yn sefyll o gwmpas y ffynnon sanctaidd ar ddwy neu dair ochr. Mewn côr byddai'r mynachod yn gosod eu hunain yn ôl eu hynafedd o fewn y gymuned, hynny yw, yn ôl dyddiad eu cyffes yn hytrach na'u hoedran. Byddai'r abad yn y sedd gyntaf ar ochr dde (de) y côr (agosaf i'r gorllewin) a'r prior gyferbyn ag ef yn y sedd gyntaf ar yr ochr chwith (gogledd).

Aeth y Sistersiaid ati'n fwriadol i gwtogi ar y litwrgi manwl a oedd wedi tyfu o gwmpas yr oriau canonaidd ers dyddiau Bened, ac aethant yn ôl i'r amserlen a osodwyd ganddo. Sail y gwasanaethau oedd llyfr y Salmau, a oedd yn rhan o Hen Destament y Beibl, ac fe adroddid y Sallwyr cyfan (150 o Salmau) dros gyfnod o wythnos. Byddent yn cael eu llafarganu'n antiffonïaidd, hynny yw, gyda phob ochr o'r côr yn cymryd pob yn ail bennill. Ceisiodd y Sistersiaid y ffurf fwyaf dilys o blaengan (llafargan) ar gyfer y gwasanaethau er mwyn adfer yr hyn a ystyrient yn llymder cyntefig. Atgoffodd mwy nag un awdur Sistersaidd ei gyd-fynachod y dylent osgoi harddiadau cerddorol, 'chwyddo a disgyn' lleisiau, ac 'addurniadau a thriliau' ar yr alaw. Ni fyddai lle i arddangos doniau cerddorol.

Y Fendigaid Forwyn Fair mewn Litwrgi Sistersaidd

Roedd yr Urdd Sistersaidd yn nodedig am ei defosiwn i'r Fendigaid Forwyn Fair, mam Crist. Un o arloesiadau'r litwrgi Sistersaidd oedd cynnwys yr emyn *Salve regina* a fyddai, o'r drydedd ganrif ar ddeg, yn dod â gwasanaeth y Cwmplin i ben. Emyn er clod i'r Fendigaid Forwyn Fair oedd hwn. Iddi hi fel 'Brenhines y Nefoedd a'r Ddaear' yr oedd pob mynachlog Sistersaidd wedi'i chysegru.

Ffig. 14:
Sêl Ystrad Fflur, sy'n darlunio'r Santes Fair, Mam Duw, fel Brenhines y Nefoedd.

> Henffych well, Frenhines sanctaidd, Mam Trugaredd,
> Ein bywyd, ein hyfrydwch a'n gobaith.
> Arnat ti y llefwn,
> Blant alltud Efa;
> Atat ti yr ochneidiwn
> Trwy gwynfan ac wylofain yn y dyffryn dagrau hwn.
> Tro gan hynny, eiriolwraig raslon,
> Dy lygaid trugarog tuag atom;
> Ac wedi'r alltudedd hwn,
> Dangos i ni ffrwyth bendigedig dy groth, Iesu.
> O dirion, O gariadus,
> O felysber Forwyn Fair.

Ystyrid bod Mair yn amddiffynnydd arbennig mynachod a lleianod Sistersaidd, ac fe'i gwelir yn aml ar seliau Sistersaidd ac mewn paentiadau o'r Oesoedd Canol diweddar yn cysgodi mynachod a lleianod yr urdd o dan ei chlogyn.

Mynach Ystrad Fflur a Gweledigaeth mewn Côr

Mae croniclwyr Sistersaidd diwedd y ddeuddegfed ganrif a dechrau'r drydedd ganrif ar ddeg yn adrodd stori am fynach o Ystrad Fflur, ar drothwy gŵyl y Pentecost (y Sulgwyn), yn codi ar sŵn y gloch ar gyfer gwasanaeth y nos, gan fynd – yn ôl y gofyn – i'r eglwys. Wrth iddo lafarganu, cafodd ei lenwi â defosiwn cynyddol. Pan ddechreuodd y mynachod y cantigl (cân) 'Benedicite, omni opera Domini' gwelodd weledigaeth o angel yn dal thuser (cynhwysydd ar gyfer arogldarth) yn dod i mewn drwy ffenestr. Aeth yr angel â'r thuser i'r brif allor a'i harogldarthu, hynny yw, chwythu arogldarth drosti, a dychwelyd i'r côr, gan basio i lawr y ddwy ochr ac arogldarthu'r mynachod. Pan ddaeth yr angel yn agos, agorodd y mynach selog ei geg, a chymerodd yr angel farworyn eirias o'r thuser a'i osod yng ngheg y mynach. Yna, cafodd brofiad o orfoledd a phoen yr un pryd ac aethpwyd ag ef i'r clafdy lle arhosodd fel un wedi marw am dridiau. Mewn un fersiwn o'r stori, rhoddwyd y gallu i'r mynach weld y cythreuliaid a oedd yn temtio'i gymrodyr – ac mae'n debygol iddo wneud ei hun yn amhoblogaidd trwy ddatgelu'r rheini o'i frodyr a gâi eu temtio. Mewn un arall, cafodd y mynach ei ysgubo ymaith o'r eglwys a'i gario tua'r dwyrain mewn ysbryd lle bu'n cael gweledigaethau am ddiwrnod a noson. Aethpwyd â'i gorff, yn y cyfamser, i'r clafdy gan ei frodyr.

Bwriad straeon fel y rhain, a gylchredai'n eang yn y byd Sistersaidd, oedd addysgu a chyfarwyddo: dysgai mynachod oddi wrthynt am osgoi maglau temtasiwn a bod yn Sistersiaid selog er mwyn ennill gwobrau ysbrydol.

Safle Materol Addoli

Y locws materol ar gyfer addoli mynachaidd oedd yr eglwys a'r cloestr cyfagos. Fodd bynnag, cyn i ni drafod y rhain, dylem nodi eu hamgylchoedd ehangach, sef cwrt mewnol y caeadle ac ardal allanol yn cynnwys clostiroedd, gerddi, perllannau, ac adeiladau yn canolbwyntio ar wahanol fathau o gynhyrchu.

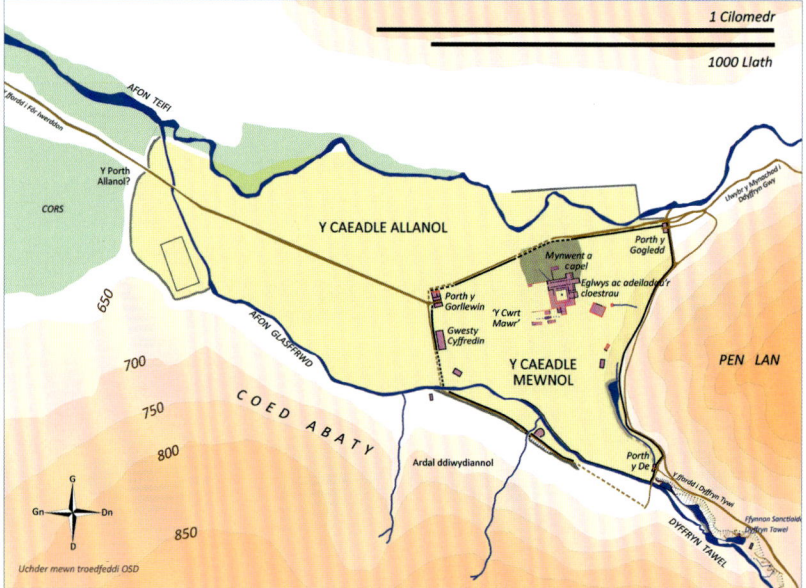

Ffig. 15:
Adluniad dyfaliadol o gynllun caeadle Ystrad Fflur yn ei flynyddoedd cynnar, er y gwyddom bellach fod ei faint wedi lleihau tua chan mlynedd ar ôl ei sefydlu.

O fewn yr eglwys, cefnodd y Sistersiaid ar addurniadau materol helaeth y litwrgi Benedictaidd. Nododd William o Malmesbury, Sais o fynach Benedictaidd a oedd yn ysgrifennu yn y 1120au, yr argraff fod mynachlogydd Sistersiaid yn amddifad o aur, arian, a gemau disglair. Roedd hyn yn adleisio rheoliadau Sistersiaid a oedd yn gorchymyn bod popeth a ddefnyddid yn yr eglwys i fod yn syml. Fel y lliain a orchuddiai'r allor, nid oedd urddwisgoedd yn cael bod o sidan. Roedd addurniadau, llestri, ac offer ar gyfer yr allor i fod heb aur, arian, a thlysau. Caniatawyd i'r Sistersiaid gael dim ond un cwpan cymun ac un *ffistwla* (tiwb cymun) o blât aur neu arian. Roedd hwn yn wrthrych arbennig o arwyddocaol oherwydd trwy'r ffistwla y cymerai'r offeiriad a oedd yn dathlu offeren waed gwerthfawr Crist.

Gwaharddwyd cerfluniau a phaentiadau am y credid eu bod yn tynnu sylw'r mynachod. Un eithriad oedd caniatáu croesau pren wedi eu paentio. Roedd Sant Bernard o Clairvaux yn ei draethawd *Apologia* yn lladd ar faint gormodol ac addurniadau diangen eglwysi mynachaidd heb fod yn Sistersiaid, ac roedd eglwysi Sistersiaid y cenedlaethau cynnar yn weddol fach eu maint. Credai Bernard fod uchderau ymgodol a 'lledau diangen' yn tynnu sylw mynachod yn ystod y gwasanaethau. Iddo ef, roeddent yn rhodresgar ac wedi eu dylunio i ddenu ymwelwyr i wneud offrymau ariannol. Ar ben hynny, dadleuodd, er bod delweddau'n gallu bod yn ddefnyddiol mewn eglwysi a fynychid gan y lleygwyr er mwyn esbonio dysgeidiaeth yr eglwys, nid oedd eu hangen mewn cyd-destun Sistersaidd lle nad oedd ymwelwyr lleyg yn cael eu hannog.

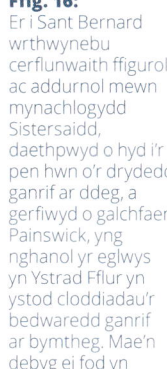

Ffig. 16:
Er i Sant Bernard wrthwynebu cerflunwaith ffigurol ac addurnol mewn mynachlogydd Sistersaidd, daethpwyd o hyd i'r pen hwn o'r drydedd ganrif ar ddeg, a gerfiwyd o galchfaen Painswick, yng nghanol yr eglwys yn Ystrad Fflur yn ystod cloddiadau'r bedwaredd ganrif ar bymtheg. Mae'n debyg ei fod yn rhan o bortread hanner maint ond llawn hyd o fynach penfoel. Mae rhai wedi dehongli hwn yn bortread o Sant Bernard ei hun.

I gloi ei ddadl, ni allai Bernard gyfiawnhau'r gost: ni ddylai eglwysi ddisgleirio ag aur tra bo'r tlodion yn llwgu. Yn yr un modd, bu Aelred o Rievaulx yn annog mynachod i efelychu tlodi Crist ac osgoi pechod chwilfrydedd, a ysgogir gan ddelweddau, sy'n arwain at chwant a barusrwydd.

Roedd barn Bernard ac Aelred yn cyd-fynd â deddfwriaeth Sistersaidd gynnar, ond mae'n bwysig cofio bod arferion yn amrywio o ddyddiad cynnar mewn urdd fynachaidd mor fawr. Ar ben hynny, camgymeriad fyddai meddwl nad oedd safle materol eglwysi mynachaidd yn newid gyda'r oesau a'r ffasiynau. Er nad yw rhai (tai llai o faint a thlotach fel arfer) yn dangos fawr o dystiolaeth o ailadeiladu ar wahân i waith atgyweirio angenrheidiol ac efallai cywasgu'r cynlluniau gwreiddiol, mewn eraill gallai eglwysi ac adeiladau'r cloestrau gael eu hailadeiladu ar raddfa fwy ac yn dilyn dyluniad mwy uchelgeisiol. Enghraifft dda yw Tyndyrn, lle penderfynodd yr Abad John, ym 1269, ailadeiladu eglwys yr abaty.

Ffig. 17:
Darlun gan J. M. W. Turner o Abaty Tyndyrn: y groesfan a'r gangell, yn edrych tua'r ffenestr ddwyreiniol (1794).

Erbyn 1288 roedd y gwaith wedi mynd rhagddo'n ddigon pell i'r mynachod ddefnyddio'r côr newydd, ac erbyn 1301 – gyda chymorth ariannol noddwr Tyndyrn, Roger Bigod – roedd yr eglwys newydd wedi'i chysegru. O ran dyluniad, buasai'n wahanol iawn i'w rhagflaenydd, a pharhawyd i wneud harddiadau am hanner canrif arall. Am nifer o ddegawdau buasai mynachod Tyndyrn yn parhau eu trefn ddyddiol mewn man a allai fod wedi ymdebygu i safle adeiladu. Ni fuasai eu profiad hwy'n anghyffredin. Mae cronicl Abaty Meaux yn Swydd Efrog o ddiwedd y bedwaredd ganrif ar ddeg yn ei gwneud hi'n glir nad oedd amser yn hanes yr abaty hyd hynny pan nad oedd rhyw weithgaredd adeiladu yn digwydd.

Symud o Gwmpas yr Eglwys a'r Cloestrau: Defodau a Gorymdeithiau

Nid oedd yr holl litwrgi yn statig, ac roedd defodau a gorymdeithiau yn rhan bwysig o fywyd mynachaidd. Byddai gweithgareddau litwrgaidd fel y rhain yn cael eu cynnal ledled y byd Sistersaidd, ac roeddent yn ychwanegu at yr addoli ac yn atgyfnerthu ymdeimlad o gymuned Sistersaidd ar draws gwledydd Cred. Yn unol â'r duedd Sistersaidd gyffredinol i gwtogi ar flodeuo'r litwrgi a ddigwyddodd yn ystod y ddegfed a'r unfed ganrif ar ddeg, lleihawyd nifer y gorymdeithiau mewn addoli Sistersaidd cynnar, ond bu iddynt luosi yn ystod y drydedd ganrif ar ddeg.

Gorymdeithiau Blynyddol

Y gorymdeithiau cynharaf (a gofnodwyd erbyn canol y ddeuddegfed ganrif) oedd y rhai a ddynodai rai o wyliau allweddol blwyddyn yr Eglwys: roedd Sul y Blodau, sef y Sul cyn y Pasg a nodai ddechrau Wythnos y Pasg, yn ŵyl symudol fel y Pasg; roedd Gŵyl Fair y Canhwyllau, a elwid hefyd yn Buredigaeth Mair (2 Chwefror) yn ŵyl bwysig yn y defosiwn cynyddol i Fair; roedd yr Esgyniad, yr ŵyl pan gododd Crist i'r nefoedd, unwaith eto, yn ŵyl symudol. Ym 1223 ymunodd pedwaredd ŵyl â'r tair hyn: roedd gŵyl Dyrchafael y Forwyn Fair Fendigaid (15 Awst) a ddathlai dderbyn a choroni Mair yn y nefoedd, yn arwydd arall o ddefosiwn i Fam Duw. Ar yr achlysuron hyn byddai gwesteion a lleygwyr yn cael eu caniatáu i'r eglwys.

Ffig. 18: Adluniad o'r mynachod mewn gorymdaith ar Sul y Blodau, ar fin mynd i mewn i ddrws gorllewinol Abaty Ystrad Fflur (Terry Ball) o arweinlyfr Cadw.

Mae llawer o'r hyn a wyddom am y defodau hyn yn deillio o'r arferlyfr Sistersaidd a elwid *Ecclesiastica officia* – roedd arferlyfr yn gyfeirlyfr o arferion yn ymwneud â threfniadau litwrgaidd, bywyd beunyddiol, a gweinyddu mynachlog neu urdd. Roedd *Ecclesiastica officia* yn gosod yn fanwl beth oedd i ddigwydd yn ystod y seremonïau hyn, a phryd, a ble. Ar Sul y Blodau cyn gwasanaeth Ters, byddai'r sacristan yn gosod canghennau palmwydd ar fwrdd bychan a osodid ar ris y seintwar, hynny yw, i'r dwyrain o gôr y mynachod yn arwain at y brif allor. Yn Ystrad Fflur byddai hyn i'r dwyrain o'r ffynnon sanctaidd. Roedd y canghennau'n coffáu'r palmwydd a osodwyd gan bobl Jerwsalem gerbron Crist wrth iddo gyrraedd y ddinas ar gefn asyn ar ddechrau'r wythnos a arweiniodd at ei farwolaeth (Marc 11:1–11). Ar ôl i'r gwasanaeth ddod i ben, byddai'r abad yn gafael yn y fagl (ei ffon), yn bendithio'r palmwydd, ac yn ysgeintio dŵr sanctaidd arnynt. Yna byddai'r cantor (y mynach a oedd yn gyfrifol am gynnal y gwasanaethau) yn cynnig un gangen i'r abad ac yn dechrau'r antiffon, pan fyddai'r sacristan yn dosbarthu'r canghennau i'r mynachod a'r nofisiaid. Pe byddai unrhyw rai dros ben, fe'u rhoddid i'r brodyr lleyg (*conversi*) a *familia* (gweision, llafur cyflogedig), ac unrhyw westeion.

Yna dechreuai'r orymdaith. Byddai is-ddiacon (sef mynach mewn urddau eglwysig, islaw rheng diacon) yn cario'r dŵr sanctaidd, a diacon yn ei ddilyn (mynach mewn urddau eglwysig, islaw rheng offeiriad) yn cario croes wedi ei dadorchuddio, ac yna'r mynachod yn yr un drefn ag y safent yn y côr. Byddai antiffonau amrywiol yn cael eu canu, ac arhosid mewn mannau penodedig. Roedd y safle, neu'r arhosfan, cyntaf ar y darn o lwybr y cloestr wrth hundy'r mynachod (yn y rhes ddwyreiniol); roedd yr ail wrth ymyl y ffreutur (yn y rhes ddeheuol); a'r un olaf wrth yr eglwys (llwybr gogleddol y cloestr). Tra byddai amryw ddefodau'n cael eu cynnal yno, âi'r sacristan i'r cabidyldy i ôl testun yr Efengyl, gan ddod ag ef i fynedfa'r eglwys.

Ffig. 19: Olion llwybr gogleddol y cloestr yn Ystrad Fflur, yn edrych tua'r dwyrain. I'r chwith mae ystlys ddeheuol yr eglwys ac yn syth ymlaen mae'r groesfa ddeheuol gyda chapeli bychain (o dan ganopïau modern). I'r dde (de) mae ystafell gul, sy'n debygol o fod yn festri a/neu'n storfa lyfrau, ac ymhellach eto i'r de, mae adfeilion y cabidyldy. Gellir gweld adfeilion y bae colasiwn (a drafodwyd uchod) tua hanner ffordd ar hyd wal y cloestr i'r de (ar y dde).

Byddai'r efengyl yn cael ei darllen gan y diacon a wynebai'r dwyrain, a'i gefn at y mynachod. Dan ganu antiffonau pellach, byddai'r mynachod yn dychwelyd i'r eglwys trwy'r drws gorllewinol ac, wrth gyrraedd y côr, yn gosod eu canghennau ar risiau'r seintwar (y pen dwyreiniol). Pe byddai unrhyw leygwyr yn bresennol, ni fyddent yn cymryd rhan yn yr orymdaith yn y cloestr nac yn mynd i mewn i'r cabidyldy - er gellid gwneud eithriadau i bobl 'o statws hybarch'.

Roedd Gŵyl Fair y Canhwyllau yn ŵyl bwysig arall yn y dwysbarch at y Forwyn Fair Fendigaid. Digwyddai ddeugain niwrnod ar ôl y Nadolig a byddai'n coffáu Mair yn cyflwyno Crist yn y Deml (Luc 2:22–38). Roedd y litwrgi Sistersaidd yn mynnu bod canhwyllau'n cael eu dwyn ymlaen llaw i'r seintwar er mwyn i'r abad eu bendithio â dŵr sanctaidd. Yna dosberthid canhwyllau mewn modd tebyg iawn i'r canghennau palmwydd. Byddai'r orymdaith hefyd yn dilyn yr un patrwm – fel yn wir y byddai ar gyfer dathliad yr Esgyniad, a oedd ddeugain niwrnod ar ôl y Pasg (Actau 1:9).

Y Ddefod Wythnosol: Bendithio'r Dŵr

'Bendithio'r Dŵr Sanctaidd' (*benedictio aque*) oedd y ddefod bwysig ar y Sul a ragflaenai uchel Offeren (gwfeiniol) ac a fynychid gan y gymuned gyfan. Ei bwriad oedd dathlu tirlun mewnol y cloestr. I baratoi, byddai bwrdd bychan yn cael ei osod ar ris y seintwar, gyda halen, dŵr, ac ysgeintiwr. Byddai'r offeiriad yn dynesu at ris y seintwar yn dal y llyfr litwrgaidd priodol ac yn bendithio'r halen a'r dŵr. Yna cerddai'r holl ffordd o amgylch y brif allor ac ysgydwai ddiferion dŵr arni; gwnâi'r un peth wedyn yn y seintwar. Cymerai mynach o swydd uwch rywfaint o'r dŵr a gorymdeithio o amgylch y cloestr, gan ysgeintio'r cloestr a'r ystafelloedd oddi arno yn eu tro mewn trefn benodedig: cabidyldy, parlwr, hundy, gyda geudy ynghlwm, ystafell gynhesu, ffreutur, cegin, storfa'r selerydd (fel arfer ar lawr gwaelod y rhes orllewinol, islaw hundy'r *conversi*). Pe byddai unrhyw ddŵr dros ben, fe'i tywalltai i'r llestr dŵr sanctaidd wrth fynedfa'r gorllewin i'r eglwys.

Yn y cyfamser, safai'r offeiriad ar ris y seintwar ac ysgeintio pob aelod o'r gymuned, yn y drefn hon: yr abad, yr offeiriad ei hun, y gweinidogion, mynachod y côr (yn y drefn y safent yn y côr, a oedd yn adlewyrchu hynafedd), y nofisiaid, a'r *conversi* neu frodyr lleyg (gweler isod amdanynt). Yna codai'r sacristan y basn o ddŵr sanctaidd a'i gymryd i'r rhan o'r eglwys a gadwyd ar gyfer y gwesteion a *familia*. Ni fyddai'n eu hysgeintio hwy ond cynigiai'r llestr iddynt er mwyn iddynt drochi eu bysedd i fendithio eu hunain.

Ffig. 20:
Un nodwedd anarferol ar y cynllun litwrgaidd yn Ystrad Fflur yw'r seston hwn wedi'i leinio â charreg sydd wedi'i osod yn llawr y groesfan, yn syth o flaen gris y seintwar (a nodir gan lethr isel) gyda'r brif allor y tu hwnt (i'r dde). Mae wedi'i blymio i brif gyflenwad dŵr yr abaty sy'n tarddu o ffynnon sanctaidd goeth i fyny'r afon. Llifai'r dŵr i mewn ac allan o fasn bychan, sgwâr, wedi'i leinio â charreg gyda grisiau'n arwain i lawr ato o'r dwyrain a'r gorllewin. Ar ei ymyl uchaf mae cilfach, a fyddai mae'n debyg yn dal trapddor neu orchudd arall. Dehonglwyd hwn fel ffynnon sanctaidd a gall fod yn gysylltiedig â'r *benedictio aque* a ddisgrifir uchod. Ni wyddys am nodwedd o'r fath mewn unrhyw fynachlog Sistersaidd arall, er bod un tebyg yn yr un safle mewn abaty Benedictaidd yn Landevennec yn Llydaw.

Fel y nodwyd uchod, roedd rhan o'r ddefod hon yn cynnwys un o'r mynachod yn gadael yr eglwys ac yn ysgeintio halen a dŵr dros y cloestr a'i ystafelloedd (mewn trefn benodol). Efallai fod gan hyn effaith ar drefniadaeth ofodol adeiladau'r cloestr, yn arbennig trefniant y ffreutur. Y dystiolaeth yw bod y ffreutur, mewn mynachlogydd Sistersaidd cynnar, wedi ei osod ar echelin dwyrain/gorllewin (hynny yw, yn gyfochrog â'r eglwys), sy'n debygol o fod wedi golygu bod y gegin y tu allan i'r cloestr. Fodd bynnag, mewn tai, megis Ystrad Fflur, a sylfaenwyd neu a adeiladwyd o tua chanol y ddeuddegfed ganrif ymlaen, mae ffreuturau fel petaent wedi eu dylunio o'r dechrau i redeg ar echelin gogledd/de. Mewn safleoedd fel Fountains a Rievaulx disodlwyd y ffreuturau hŷn fel y byddent yn cydymffurfio â'r cynllun newydd hwn. Gallai hyn yn syml adlewyrchu twf mewn niferoedd: os oedd cymuned yn adeiladu dwyrain-gorllewin nid oedd unrhyw ffordd wirioneddol o ehangu pe byddai angen ffreutur mwy o faint, tra bod adeiladu gogledd/de yn golygu bod ehangu i'r de yn llawer mwy dichonadwy. Fodd bynnag, nid yw hynny'n egluro pam roedd hyd yn oed tai gweddol fach yn adeiladu i gydymffurfio â'r cynllun newydd hwn. Dadleuwyd mai'r rheswm dros yr ailfeddwl oedd dod â'r gegin yn gadarn i'r cloestr, er mwyn iddi ddod yn rhan o'r tirlun a fyddai'n cael ei fendithio â dŵr sanctaidd yn y ddefod wythnosol hon.

Golchi Traed (*mandatum*)
Roedd y *mandatum* neu olchi traed yn galw i gof waith Crist yn golchi traed ei apostolion yn y Swper Olaf (Ioan 13: 4–12). O fewn y traddodiad Cristnogol roedd y Swper Olaf yn ddigwyddiad llawn arwyddocâd. Dyma'r tro olaf i Grist a'i ddisgyblion fod gyda'i gilydd, pan ddaroganodd Crist y byddai'n cael ei fradychu gan un ohonynt, a phan sefydlodd yr Ewcarist (Cymun) drwy dorri bara a bendithio gwin, sef ei gorff a'i waed (Mathew 26:17–30; Marc 14:12–26; Luc 22: 14–23; Ioan 13: 1–20). Ar ôl y swper a golchi traed ei ddisgyblion, bradychwyd Crist gan Jwdas Iscariot, cafodd ei roi ar brawf, a'i groeshoelio drannoeth (Dydd Gwener y Groglith). Roedd y *mandatum* mynachaidd yn coffáu a chofio'r digwyddiadau hyn ac yn arbennig orchymyn Crist i'w ddilynwyr y dylent garu ei gilydd.

Roedd dwy seremoni fynachaidd gydag enwau tebyg: *mandatum fratrum*, golchi traed y brodyr, a *mandatum hospitum*, golchi traed y gwesteion. Sonnir am y rhain yn y drefn honno ym mhenodau 35 a 53 o Reol Sant Bened. Mae *mandatum hospitum* yn ymwneud â golchi traed gwesteion, a gosodir union fanylion yn *Ecclesiastica officia* y Sistersiaid. Bob dydd Sadwrn yn ystod y cabidwl dyddiol byddai dau fynach yn cael eu dirprwyo am yr wythnos ganlynol i gynnal y *mandatum* i'r gwesteion a fyddai'n cyrraedd yn ystod y cyfnod hwnnw. O gael eu galw i gyfarch y gwestai neu westeion, byddent yn gorymdeithio i'r gwesty. Un rhan o'u croeso oedd golchi traed eu hymwelwyr yno.

Cynhelid y *mandatum fratrum* yn wythnosol, ar ddydd Sadwrn, a byddai'r ddefod yn cael ei chyflawni gan y mynachod a oedd yn weinyddion prydau bwyd am yr wythnos i ddod a'r wythnos a fu. Nid yw Rheol Sant Bened yn fanwl iawn am olchi traed y brodyr ac nid yw'n nodi lleoliad lle byddai'n digwydd. Mewn tai Benedictaidd fel Farfa (yn yr Eidal) y lleoliad oedd y cabidyldy, ond cafodd ei symud gan y Sistersiaid i fynedfa'r ffreutur. Mae'r *Ecclesiastica officia* yn rhoi manylion llawn am y defodau. Roedd nifer o resymau pam roedd y lleoliad hwn yn arbennig o briodol. Roedd dŵr ar gael yn rhwydd yno. Roedd y *lavatorium* (cafnau), wedi eu gosod ar wal allanol y ffreutur o fewn llwybr deheuol y cloestr ac wedi eu cyflenwi fel arfer gan bibellau, yn darparu dŵr i'r mynachod olchi eu dwylo cyn prydau bwyd. Y *lavatorium* oedd lleoliad y golchi traed wythnosol hefyd. Mewn llefydd fel Abaty Fountains ac Abaty Rievaulx canfuwyd olion mainc wedi ei gosod uwchlaw neu'r tu ôl i'r cafnau lle byddai'r mynachod efallai'n eistedd ac yn hongian eu traed (er iddynt sicrhau er gwedduster fod eu traed yn aros dan orchudd eu habid). Mae pwysigrwydd y lleoliad yn esbonio'r ysblander pensaernïol a welwn, er enghraifft, yn Nhyndyrn, Hailes (Swydd Gaerloyw) a Cleeve (Gwlad yr Haf). Ar y cyfandir gallai'r *lavatorium* fod yn strwythur ar ei ben ei hun oddi ar lwybr deheuol y cloestr gyferbyn â'r ffreutur, a gellir gweld enghreifftiau gwirioneddol ysblennydd yn Mellifont Sistersaidd (Iwerddon) a phriordy Clywinaidd Much Wenlock (Swydd Amwythig).

Ffig. 21:
Lavatoria cywrain yn (uchod) Poblet (Catalunya) ac (isod) Mellifont (Iwerddon).

Roedd gwerth symbolaidd i leoliad a safle pensaernïol y *mandatum*. Erbyn y ddeuddegfed ganrif credid bod Crist wedi golchi traed yr apostolion mewn ystafell islaw'r siambr uchaf lle digwyddodd y Swper Olaf. Felly, mewn rhai mynachlogydd Sistersaidd megis Byland a Rievaulx roedd y ffreutur ar lawr uchaf ac yn symbol o oruwchystafell y Swper Olaf. Islaw roedd crypt ac wrth ei fynedfa y digwyddai'r *mandatum*. Hyd yn oed heb y lleoliad mwy cywrain hwn, roedd y *mandatum* yn anad dim yn ailgread o'r Swper Olaf ac yn esiampl o gymwynasgarwch a gostyngeiddrwydd.

Ehangid y *mandatum fratrum* ar Ddydd Iau Cablyd pan gâi ei berfformio gan yr abad a'r mynachod a daeth yn weithred litwrgaidd ganolog y dydd. Ar awr Secst, dewisai ceidwad y porth ddynion tlawd, yr un nifer ag ydoedd o fynachod yn y fynachlog yr adeg honno. Arhosai'r dynion tlawd hyn mewn man dynodedig nes cael eu galw. Yn ystod llafarganu Nonau caent eu hebrwng i'r cloestr gan *conversi*. Byddent yn tynnu eu hesgidiau ac yn eistedd mewn rhes yn llwybr gogleddol y cloestr (wrth ymyl yr eglwys), gan ddechrau o'r drws lle byddai'r mynachod fel arfer yn dod i mewn i'r cloestr (roedd hwn yng nghornel y cloestr a'r groesfa ddeheuol).

Yna byddai'r *conversi* yn ôl basnau a thywelion. Pan fyddai Nonau ar ben, byddai'r mynachod yn dod i mewn i'r cloestr dan arweiniad yr abad. Pan gyrhaeddai'r abad yr olaf o'r dynion tlawd (yr un pellaf i ffwrdd o'r drws i mewn i'r eglwys) byddai ef a'r mynachod yn cynnal y *mandatum* – ac felly'r angen i sicrhau bod yr un nifer o dlodion a mynachod, fel y gallai pob mynach ofalu am un dyn. Byddai pob mynach yn golchi traed dyn tlawd ac yn rhoi arian iddo hefyd. Ar ddiwedd y seremoni câi'r tlodion eu harwain allan o'r cloestr i'r gwesty lle caent eu bwydo.

Roedd un rhan arall eto i ddathliadau Dydd Iau Cablyd. Cyn y pryd bwyd, roedd rhai mynachod wedi'u dynodi i gynhesu dŵr a dod ag ef i'r cloestr. Ar ôl egwyl fer yn dilyn y pryd bwyd, dychwelai'r mynachod i'r ffreutur, bob un i'w sedd ei hun, a byddai'r *conversi* yn ymuno â hwy. Byddai'r abad, yn gwisgo ffedog o liain, yn golchi traed pedwar mynach, pedwar nofis, a phedwar brawd lleyg (os nad oedd digon o nofisiaid, byddai'r *conversi* yn dod i'r adwy). Cynorthwywyr yr abad a fyddai'n gofalu am y gweddill, a hwythau eu hunain yn cael eu golchi gan yr abad. Yr abad fyddai'r olaf i gael y gwasanaeth hwn. Wrth bwysleisio rhinweddau cymwynasgarwch a gostyngeiddrwydd, roedd y ddefod golchi traed yn cadarnhau clymau cymuned a chariad (*caritas*) a oedd yn faen clo i fynachaeth Sistersaidd

Y Seremonïau Cysegru

Mae'n nodedig bod gan lawer o eglwysi Sistersaidd bennau gorllewinol wedi eu haddurno'n goeth, ac efallai wedi ehangu gan gyntedd neu narthecs, o'r enw galilea. Galilea oedd tir beiblaidd bywyd, dysgeidiaeth, a gwyrthiau Iesu, a'r man lle cyfarfu â'i ddisgyblion ar ôl ei atgyfodiad. Mae'r term 'galilea' yn awgrymu bod pasio trwy'r eglwys Sistersaidd yn cyflawni offeiriadaeth Crist. Câi'r galilea hefyd ei adnabod weithiau fel cyntedd Paradwys; fel y gwelwn, roedd y fynachlog Sistersaidd a'r cloestr yn arbennig yn gysylltiedig â pharadwys.

Roedd y galilea yn fan claddu poblogaidd i gymwynaswyr a chyfeillion arbennig mynachlog, yn enwedig yn y degawdau cynnar pan nad oedd claddu o fewn yr eglwys yn cael ei annog. Gellir gweld enghraifft wych o alilea yn abaty Fountains, ac yn Rievaulx mae wyth claddiad wedi goroesi yn y cyntedd. Yr esboniad mwyaf tebygol am fanylder pensaernïol drws y gorllewin yw ei fod wedi chwarae rhan mewn gorymdeithiau – gweler yr enghreifftiau gwych o Ystrad Fflur a Glyn y Groes.

Ffig. 22:
Porth gorllewinol eglwys Ystrad Fflur mewn arddull Drawsnewidiol o bensaernïaeth, ond wedi ei addurno, o amgylch ei ymylon, â motiffau wedi eu tynnu o ffurfiau celf rhanbarthol, cyn-Sistersaidd ('Celtaidd' fel y'u gelwir).

Yn Byland roedd yr agoriad crwn mawr uwchben y drws gorllewinol ar un adeg yn cynnwys ffenest ros fawr, a rhosod yn symboleiddio'r Forwyn Fair. Ni sonnir ryw lawer am y pen gorllewinol mewn ffynonellau ysgrifenedig, ond byddai'n brif safle mewn gorymdeithiau gwesteion: byddai abad neu esgob gwadd, er enghraifft, yn cael ei gyfarch gan y gymuned gyfan wrth y gât cyn cael ei arwain drwy brif ddrws (gorllewinol) yr eglwys, i fyny'r corff (côr y *conversi*) a chôr y mynachod i'r brif allor.

Roedd gan y pen gorllewinol swyddogaeth bwysig hefyd mewn seremonïau cysegru.

Ffig. 23:
Ar un adeg roedd y darn hwn o galchfaen Dundry (Jwrasig) ymhlith rwbel prif fwa porthdy gorllewinol Ystrad Fflur. Fe'i darganfuwyd yn ystod cloddiadau yn 2010, ac mae wedi'i erydu gan ei gyfnod ym mhriddoedd asidig iawn Ystrad Fflur, ond gellir gweld croes yn glir wedi'i rhicio i'r arwyneb mewn safle a sicrhâi ei bod yng ngolwg ymwelwyr a mynachod fel ei gilydd, efallai yn ystod y seremoni gysegru flynyddol, er i'r calchfaen gael ei ganfod gryn bellter o'r eglwys.

Roedd y seremoni gysegru flynyddol, yn nodi pen-blwydd cysegriad eglwys Sistersaidd, yn un o'r ychydig orymdeithiau lle byddai'r mynachod yn gadael y cloestr mewnol. Byddai'n cynnwys tair cylchdaith, neu dro, o gwmpas yr eglwys a mynediad gorfoleddus drwy'r drws gorllewinol. Gellir gweld olion y seremoni – os ydym yn ffodus – yn y 'deuddeg croes wedi'u paentio neu eu cerfio ar y waliau mewnol o amgylch ymylon yr eglwys' (mae un ar ddeg wedi goroesi o fynachlog Sénanque yn Ffrainc). Yn ystod y seremoni byddai cannwyll yn cael ei gosod ynghlwm wrth bob croes ac yn cael ei hysgeintio ag olew sanctaidd. Ymddengys bod y croesau wedi eu gosod fel a ganlyn: dwy ar wal orllewinol y corff, parau'n wynebu ei gilydd ar hyd waliau'r corff a phennau croesfa, a'r lleill o gwmpas y pen dwyreiniol.

Gadewch i ni nawr ddychwelyd i'r cloestr ac ystyried beth a wnâi'r mynachod yno pan nad oeddent yn yr eglwys.

Y Cloestr: Calon y Gymuned

Ffig. 24:
Cynllun o Abaty Tyndyrn yn Sir Fynwy.

Man agored oedd y cloestr a rhodfeydd o'i gwmpas ar bob un o'i bedair ochr; gorweddai'n gorfforol ac yn symbolaidd wrth galon y fynachlog. Fel arfer (er nad bob amser) roedd yn cael ei osod i'r de o'r eglwys i fanteisio ar y golau naturiol. Yng Nghymru, gellir gweld eithriad pwysig yn Nhyndyrn, lle safai'r cloestr a'r adeiladau cysylltiedig i'r gogledd o'r eglwys, trefniant a bennwyd gan leoliad afon Gwy mewn perthynas â'r tir a roddwyd gan Walter fitz Richard de Clare ar gyfer sefydlu'r fynachlog.

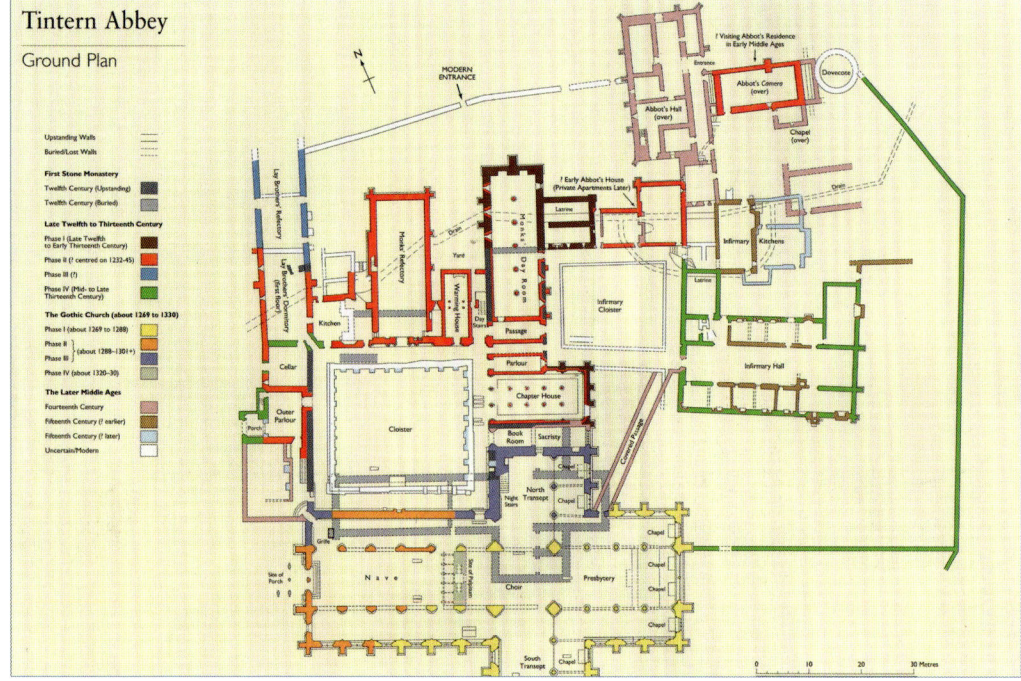

I fynachod Sistersaidd roedd gan y cloestr bwysigrwydd symbolaidd yn ogystal â phwysigrwydd ymarferol: lle o fyfyrdod tawel ydoedd ac ystyrid ei fod yn rhagflas ar Baradwys. Yn ei eiriau am fywyd Aelred, abad Sistersaidd Rievaulx (1147–67), cyffelybodd Walter Daniel y fynachlog gyfan i Baradwys, gan siarad am y bryniau a'r coed o gwmpas yr abaty fel coron yn darparu 'ail baradwys o hyfrydwch coediog' i'r mynachod. Yn ei draethawd o'r enw *Cyfeillgarwch Ysbrydol* disgrifiodd Aelred ei hun yn cerdded o amgylch cloestr ei abaty. Roedd y brodyr, meddai, yn eistedd o gwmpas yn ffurfio 'coron fwyaf cariadus'; yn y canol roedd coed yn cynnwys ffrwythau, dail, a blodau, 'pleserau paradwys'. Mewn hanes am sefydlu abaty Jervaulx, cangen Byland (a'r ddau hefyd yn Swydd Efrog) sonnir bod yr abad ar fin gadael Byland i sefydlu cangen yn Jervaulx pan gafodd weledigaeth lle'r oedd menyw deg yn dal bachgen hardd wrth ei law wrth iddo dynnu cangen o goeden fechan yng nghanol y cloestr. Yn ddiweddarach, pan oedd yr abad a'i fynachod ar goll mewn coedwig drwchus, ymddangosodd y fenyw a'r plentyn – y Fendigaid Forwyn Fair a Christ – iddynt a dyma'r plentyn, yn gafael yn yr un gangen, yn eu tywys i ddiogelwch a'u cartref newydd. Efallai fod harddwch naturiol y coed, y blodau, a'r ffrwythau wedi galw i gof Ardd Eden cyn Cwymp dynolryw.

Ffig. 25:
'Paradwys' Ystrad Fflur, yn edrych tua'r dwyrain. Yn y blaendir mae caeadle'r abaty, a'i borthdy mewnol i'w weld yn destun cloddiad. Yn y canol mae adeiladau Mynachlog Fawr a chofeb Cadw o'r eglwys a'r cloestrau. I'r dde mae Coed yr Abaty a dyffryn Afon Glasffrwd. Y tu ôl ac i'r dwyrain i Fynachlog Fawr mae bryn Pen-lan lle ceir gwrthgloddiau helaeth o ddefnydd amaethyddol. Y tu hwnt i hynny, yn y pellter, mae Mynyddoedd Cambria.

Oddi ar rodfeydd dwyreiniol, deheuol, a gorllewinol y cloestr safai'r holl ystafelloedd a oedd yn angenrheidiol ar gyfer bywyd beunyddiol y mynachod.

Y Cabidwl Dyddiol: y Mwyaf a'r Lleiaf

Pan fyddai gwasanaeth Preim ar ben, gadawai'r mynachod yr eglwys wrth y drws yn ongl de-ddwyrain y cloestr gan fynd i'r cabidyldy ar gyfer y cyfarfod dyddiol dan lywyddiaeth yr abad. Yma eisteddent ar feinciau wedi eu gosod yn erbyn y waliau tra bod yr abad yn cymryd ei le wrth y ddarllenfa (desg ddarllen). Dechreuai'r cyfarfod drwy ddarllen pennod o Reol Sant Bened (ac felly enw'r ystafell). Y cabidwl dyddiol oedd y fforwm ar gyfer cyffesu beiau a gosod penyd, yn ogystal â choffáu brodyr a chymwynaswyr ymadawedig. Yma hefyd y byddai'r mynachod yn trafod unrhyw fusnes y gymuned. Gallai hyn ymwneud â phresenoldeb yr abad i ddod yn y Cabidwl Cyffredinol yn Cîteaux, neu ymweliad â changhennau; a oedd angen adeiladau newydd neu waith atgyweirio naill ai yn yr abaty neu ar ei faenorau; a ddylid derbyn cynnig o dir gan gymwynaswr; neu ystyried ceisiadau am frawdoliaeth neu gladdu. Ar ddyddiau gŵyl pwysig byddai'r abad yn rhoi pregeth yn ystod y cabidwl. Gellid derbyn pwysigion yn y cabidyldy, ar ôl iddynt aros yn y parlwr yn gyntaf (ystafell lle caniateid siarad), a oedd fel arfer i'r de o'r cabidyldy, ar lawr gwaelod y rhes ddwyreiniol. Roedd Rheol Bened yn atgoffa'r abad y dylai gofio yn yr holl faterion hyn, er mai ef oedd y mwyaf o bawb o fewn ei abaty yntau o ran blaenoriaeth, y dylai gymryd cyngor hyd yn oed y lleiaf o'i fynachod.

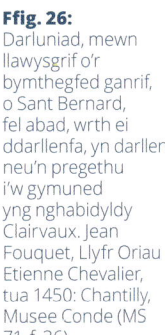

Ffig. 26:
Darluniad, mewn llawysgrif o'r bymthegfed ganrif, o Sant Bernard, fel abad, wrth ei ddarllenfa, yn darllen neu'n pregethu i'w gymuned yng nghabidyldy Clairvaux. Jean Fouquet, Llyfr Oriau Etienne Chevalier, tua 1450: Chantilly, Musee Conde (MS 71, f. 36).

Eto i gyd, camgymeriad fyddai meddwl mai lle i gyfarfodydd a busnes rheolaidd yn unig oedd y cabidyldy. Hwn oedd, ar ôl yr eglwys, yr adeilad pwysicaf yn yr abaty. Roedd yn ymwneud â chymuned, awdurdod, a chof corfforaethol. O leiaf yn y ddeuddegfed ganrif a'r drydedd ganrif ar ddeg ac mewn rhai achosion yn ddiweddarach, byddai abadau'n cael eu claddu yn y cabidyldy. Fel hyn, roeddent yn parhau'n rhan o'r gymuned, yn gysylltiad â'r gorffennol, ac yn atgoffa abadau presennol ac abadau'r dyfodol am bwys eu hawdurdod a'u cyfrifoldeb am les eu mynachod. Gellir gweld cabidyldy cymharol gyflawn (er nad oes ganddo ei feinciau) yng Nglyn y Groes.

Ffig. 27:
Y tu mewn i'r cabidyldy yng Nglyn y Groes, ger Llangollen.

Diwrnod Cytbwys: Darllen a Gweithio; Cysgu a Bwyta

Rydym wedi gweld mai adrodd gwasanaethau rheolaidd y dydd oedd rhan bwysicaf diwrnod mynach. Ond wrth ysgrifennu ei Reol, roedd Bened am gydbwyso gweddïo â gweithgareddau eraill fel na ddaethai ei fynachod yn destun pechod diflastod, na diffyg canolbwyntio. Roedd y Sistersiaid yn awyddus i ddychwelyd i ddilyn y Rheol yn gaeth, felly gwnaethant yn sicr fod rhannau o'r dydd wedi eu neilltuo ar gyfer 'darllen sanctaidd' (*lectio divina*) ac eraill ar gyfer gwaith.

Darllen

Gallai trefniadau lleol amrywio, ond yn rhodfeydd y cloestr yn aml, yn enwedig yr un gogleddol yn ffinio â'r eglwys, y buasem yn dod o hyd i'r desgiau neu'r cuddyglau lle eisteddai'r mynachod i ddarllen a myfyrio bob dydd. Ar ddechrau'r Grawys casglai pob mynach lyfr o'r cwpwrdd llyfrau cyn treulio blwyddyn gyfan yn ei ddarllen. Yma mae'n rhaid i ni ddeall nad oedd 'darllen' yn golygu darllen llyfr yn frysiog, ond darllen a myfyrio ar y gair sanctaidd yn araf a bwriadol. Darllenai mynachod yn uchel i ganolbwyntio'r meddwl ar gynnwys y llyfr.

Am fod mynachod yn aml yn eistedd yn y cloestr i ddarllen yr oedd Sant Bernard, y mwyaf dylanwadol a llafar o Sistersiaid y ddeuddegfed ganrif, yn credu'n gadarn y dylai rhodfeydd cloestr fod yn amddifad o'r holl gerfluniau amhriodol a allai dynnu sylw'r mynachod, gan grybwyll 'mwncïod aflan a llewod ffyrnig, dynfeirch arswydus a theigrod streipiog'. Yn *Drych Cariad* Aelred trodd y rhain yn 'grychyddion ac ysgyfarnogod, ewigod a hyddod, piod a chigfrain'. Rhag iddynt darfu ar eu brodyr, rhaid oedd i'r mynachod eistedd un y tu ôl i'r llall fel na allent siarad na chyfathrebu fel arall, a byddent yn cadw eu cyflau i lawr fel na allent gael cyntun tawel. Yn ystod oriau golau hirddydd haf, byddent yn cael gorwedd ar eu gwelyau a darllen - cyn belled nad oedden nhw'n tarfu ar eu cymrodyr.

Ffig. 28:
Arcêd y cloestr a mynach Sistersaidd wedi ymgolli yn ei ddewis destun. Daw'r ddelwedd hon o lyfr pwysig ar fynachaeth gan Thomas Merton, *Silence in Heaven*.

Yn y cloestr, hefyd, efallai eu bod wedi manteisio ar y golau naturiol i gopïo llawysgrifau. Mae hanes o fywyd Sant Godric, un o fynachod Priordy Eglwys Gadeiriol Durham o'r ddeuddegfed ganrif a fu'n byw yn ei feudwyfa gerllaw yn Finchale, yn rhybuddio am beryglon gadael gwaith heb ei oruchwylio. Roedd mynach o abaty Fountains yn brysur yn copïo buchedd y sant o lawysgrif y cafodd yr abaty ei benthyg o Durham pan glywodd y gloch ar gyfer y gwasanaeth a brysio i'r eglwys. Pan ddychwelodd gwelodd ei bod wedi bwrw'n drwm a bod y glaw, yn dod i mewn trwy'r ffenestri anwydrog, wedi difetha'r llawysgrif. Gwnaeth gweddi cyflym i'r sant ei hadfer.

Gwaith

Gallai gwaith – a elwid yn y Rheol yn *labor manuum* neu 'llafur dwylo' – fod ar wahanol ffurfiau, ac, fel y gwelwn, i rai mynachod, byddai llai o waith llaw a mwy o waith gweinyddol neu reolaethol. Byddai eraill yn brysur yn gwneud amrywiaeth o dasgau, megis ysgubo, glanhau, a thorri pren. Roedd ystafell ddydd, ar rodfa ddwyreiniol y

Ffig. 29:
Allorlun gan Jörg Breu yr Hynaf (1500) yn Abaty Zwettl (Awstria Isaf): golygfa o Fywyd Sant Bernard yn darlunio mynachod Sistersaidd yn cynaeafu.

cloestr fel rheol, yn cynnig lle ar gyfer galwedigaethau megis gwnïo a thrwsio, gwneud canwyllbrennau, a gwehyddu matiau, ac yn cynnig lle arall lle gellid copïo llawysgrifau.

Byddai cyfnodau rheolaidd o'r dydd yn cael eu neilltuo ar gyfer gwaith ond ar ddyddiau gŵyl byddai llafur dwylo yn ildio i litwrgi a darllen estynedig. Ar y llaw arall, roedd adegau pan oedd gwaith yn flaenoriaeth. Fel y gwelwn yn *Exordium magnum* o ddiwedd y ddeuddegfed ganrif a dechrau'r drydedd ganrif ar ddeg, a luniwyd gan

Conrad, mynach Sistersaidd o Eberbach (yr Almaen) – llyfr sy'n rhannol hanesyddol, rhannol chwedlonol, ac yn rhannol yn gasgliad o wyrthiau – mewn llawer o dai Sistersaidd adeg y cynhaeaf byddai disgwyl i'r mynachod fod allan yn y caeau yn hel y cnydau.

Os na allent gyrraedd yr eglwys, byddent yn adrodd y gwasanaethau wrth eu gwaith. Cynhwysodd Conrad yn yr *Exordium magnum* hanesion y mynachod yn cael eu hannog yn eu llafur corfforol gan ymweliadau gan y Fendigaid Forwyn Fair a saint eraill, a symudai yn eu plith gan hyd yn oed sychu eu talcenni o bryd i'w gilydd. Roedd hanesion o'r fath yn sancteiddio'r weithred o lafurio. I'r Sistersiaid roedd adfer gwaith llaw i'r amserlen ddyddiol yn arwydd o ddychwelyd i Reol Sant Bened a gwrthdroi'r broses lle'r oedd wedi ildio, erbyn y ddegfed a'r unfed ganrif ar ddeg, i litwrgi estynedig ac ymdeimlad cyffredin fod gwaith llaw yn amhriodol i fynachod. Ar ben hynny, roedd gan waith werth economaidd a gwerth fel gwers mewn gostyngeiddrwydd. Roedd pob mynach yn gyfartal ac roedd rhaid iddynt wasanaethu ei gilydd fel aelodau o deulu.

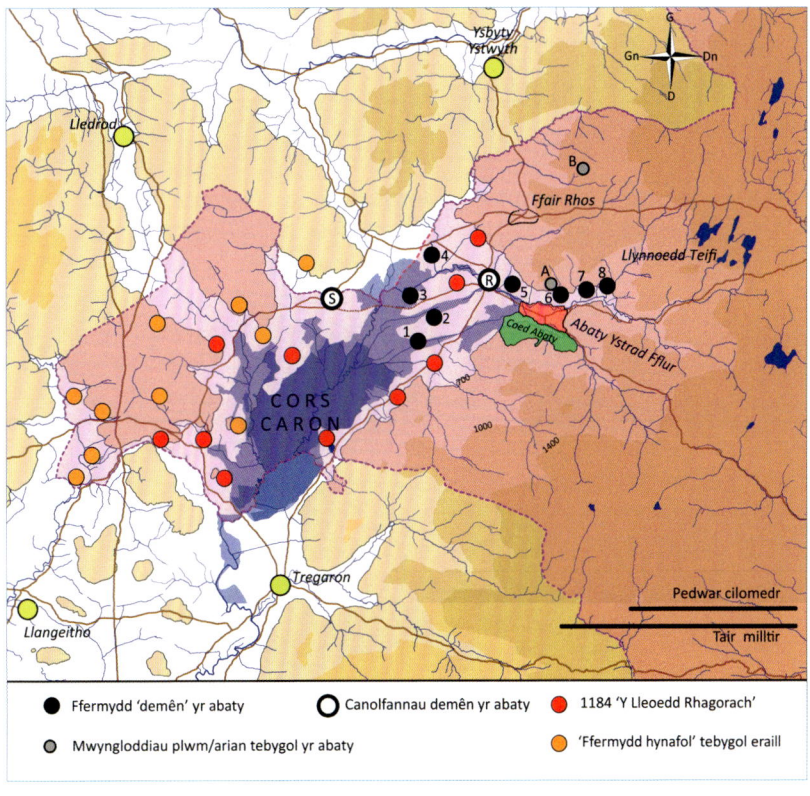

Ffig. 30:
Cyd-destun tirwedd gwaith y mynachod yn Ystrad Fflur. Yn wahanol i'r rhan fwyaf o abatai Sistersaidd eraill, mae'n debyg y bu yma 'ddemên' neu ystâd o ffermydd, a'u henwau hyd heddiw yn awgrymu bod pob un yn uned arbenigol yn canolbwyntio ar gynnyrch amaethol penodol. Mae'n debyg bod y rhain wedi'u rheoli o ddwy ganolfan (aneddiadau bond) yn Rhydfendigaid (Rh) a Swyddffynnon (S). Buasai Coedwig yr Abaty'n cael ei rheoli gan y mynachod ar gyfer deunyddiau adeiladu a gwresogi. Cymerid mawn am danwydd o Gors Caron a mannau eraill, a physgod ac adar dŵr o Gors Caron a Phyllau Teifi. Roedd defaid yn cael eu ffermio o *bercaria* (ffermydd defaid) y mae eu cloddiau i'w gweld ar ymyl y mynydd i'r dwyrain o'r abaty. Yn y bryniau yno hefyd roedd mwyngloddiau plwm yn defnyddio peirianneg hydrolig newydd a gyflwynwyd gan y Sistersiaid, ac a ddefnyddiwyd hefyd ar gyfer melinau demên.

Fel y dengys yr hanes o abaty Fountains, gwaith llaw rhai mynachod fyddai ysgrifennu neu gopïo testunau. Byddai wastad angen y llyfrau gwasanaeth, y gallai fod angen eu hatgyweirio neu eu disodli o bryd i'w gilydd. Roedd y 'Siarter Cariad' (*Carta caritatis*, yn cynnwys trefniadau gweinyddol megis trefniadaeth y Cabidwl Cyffredinol a'r ymweliad blynyddol) yn nodi bod pob tŷ Sistersaidd i ddefnyddio'r un llyfrau litwrgaidd, megis y llyfr offeren, llyfr y colectau (gweddïau), salmdonau ar gyfer offeren, antiffonari (geiriau a cherddoriaeth ar gyfer amryw salmau a chaneuon), emyniadur, a sallwyr (llyfr Salmau). Pan sefydlwyd mynachlog newydd, byddai'r rhain yn cael eu cyflenwi gan y fam-dŷ – yn achos Ystrad Fflur, o Abaty Hendy-gwyn ar Daf – a'u copïo'n ffyddlon i lawr y blynyddoedd. Nid testunau litwrgaidd yn unig a gopïwyd ond gweithiau o ddefosiwn ar gyfer cyfnodau *lectio divina*. Byddai Buchedd Sant Godric wedi darparu deunydd addas. Yn ogystal, buasai gan fynachlogydd Sistersaidd y testunau Sistersaidd allweddol: y *Carta caritatis* ('Siarter Cariad'), yr *Ecclesiastica officia* (gofynion litwrgaidd a dyletswyddau gwahanol ddeiliaid swydd), a hanesion swyddogol yr Urdd a oedd yn rhoi ymdeimlad o hunaniaeth i'w thai gwasgaredig.

Yn y rhan fwyaf o fynachlogydd ar ryw adeg yn eu hanes copïwyd yr holl siarteri gwreiddiol (cofnodion ysgrifenedig o diroedd a breintiau a roddwyd i'r gymuned) a dogfennau cyfreithiol eraill yn gyfrol, o'r enw cartwlari, er mwyn cyfeirio'n hawdd ac fel cofnod parhaol. Fodd bynnag, mewn rhai ohonynt, – gan gynnwys Ystrad Fflur – nid yw cartwlari felly wedi goroesi treigl amser, os bu iddo fodoli o gwbl, ac efallai iddo fynd ar gyfeiliorn pan ddiddymwyd y fynachlog. Yng Nghymru mae nifer o siarteri gwreiddiol wedi goroesi o Abatai Margam ac Ystrad Marchell. Byddai mynach – neu dîm o fynachod efallai – yn cael ei ddewis i dynnu siarteri o'r cistiau a'r bwndeli lle caent eu storio, penderfynu sut yr oeddent i'w trefnu o fewn cyfrol, eu copïo'n ofalus, ac yna eu hadfer i'r archif.

Chwaraeodd mynachod Sistersaidd – rhai Ystrad Fflur a Glyn y Groes yn arbennig – rôl bwysig wrth gopïo llawysgrifau Cymraeg, ac rydym yn ddyledus iddynt am ddiogelu rhan fawr o gorpws barddoniaeth Gymraeg ganoloesol. Byddai eraill wrthi'n cyfansoddi deunydd gwreiddiol neu'n cyfieithu, naill ai cronichu – *Brut y Tywysogion*, er enghraifft, yn Ystrad Fflur a Glyn y Groes, neu'r blwyddnodion (cofnod o ddigwyddiadau blynyddol) ym Margam yn ne Cymru, neu Waverley (Surrey). Byddai rhai abadau, megis John o Gaerefrog o Fountains (1203–1211), yn comisiynu hanes eu tŷ eu hunain: syrthiodd llygad John ar Hugh, mynach o un o'i ganghennau, Kirkstall, a hynny o bosib am ei fod eisoes wedi ysgrifennu hanes o'r abaty hwnnw.

Ffig. 31:
Tudalen o Lawysgrif Hendregadredd (NLW MS 6680, ffolio 79r), a ysgrifennwyd yn ôl pob tebyg yn Ystrad Fflur tua diwedd y drydedd ganrif ar ddeg gan un ysgrifydd (a elwir 'Alffa' gan ysgolheigion modern). Ychwanegwyd ati yn ddiweddarach gyda'r amcan o ddiogelu rhai o gerddi pwysicaf yr iaith Gymraeg. Gwelir yma ddechrau cerdd gan Gwynfardd Brycheiniog i Ddewi Sant.

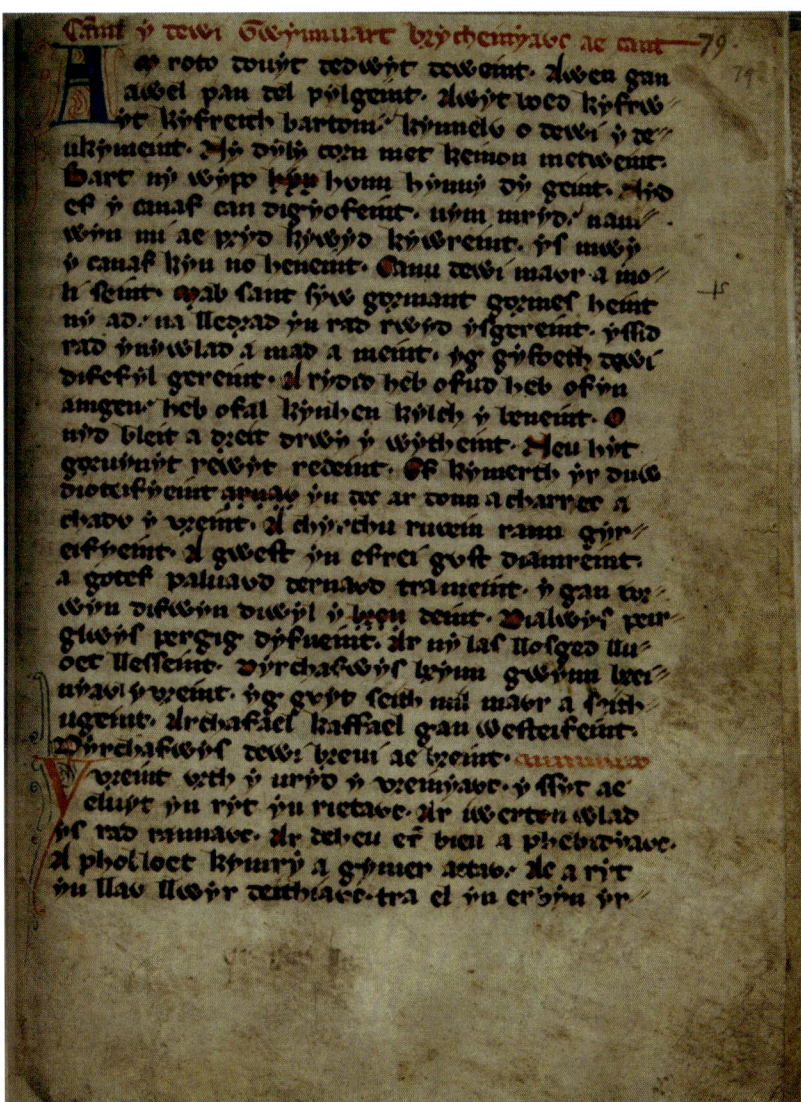

Gorffwys y Corff

Cysgai'r mynachod mewn hundy cyffredin a oedd, er hwylustod, ar lawr cyntaf y rhes ddwyreiniol. Roedd dwy fynedfa neu allanfa. Yn ystod y dydd byddai modd mynd i mewn i'r hundy o risiau yn y rhes ddwyreiniol yn arwain i fyny o'r cloestr. Byddai'r mynachod yn defnyddio'r grisiau hyn pe byddent, fel yr oedd Rheol Sant Bened yn ei ganiatáu, am gael cyntun prynhawn yn yr haf pan oedd y dyddiau'n hirach, neu ddarllen yn dawel, er mwyn osgoi tarfu ar eraill. Yn ystod y nos, fodd bynnag, gadawai'r mynachod yr hundy gan ddefnyddio'r grisiau nos yn y pen gogleddol a arweiniai'n syth i'r eglwys.

Ffig. 32:
Adluniad o'r mynachod yn dod i lawr y grisiau nos yn Nhyndyrn ar gyfer gwasanaeth y Nosweddiau (Terry Ball) o arweinlyfr Cadw.

Cysgai'r mynachod ar welyau gwellt gyda'u pennau yn erbyn y wal a'u traed yn wynebu tuag i mewn. Prin oedd y preifatrwydd, ond erbyn yr Oesoedd Canol diweddar roedd rhai abatai wedi rhannu'r hundy'n gelloedd ar wahân, fel y digwyddodd yn Abaty Cleeve (Gwlad yr Haf). Ychydig iawn o olau fyddai yno, gydag un lamp yn goleuo'r ffordd i'r geudai ym mhen deheuol yr hundy. Byddai'r mynach a oedd yn gyfrifol (ar rota) am aros yn effro yn annog ei frodyr cysglyd i ddihuno ar gyfer y gwasanaeth nos – ac i beidio â syrthio i gysgu eto. Er mwyn gadael ei wely'n gyflym byddai mynach yn cysgu a'i holl ddillad amdano, er iddo ofalu'n gyntaf dynnu ei wregys a'i gyllell er mwyn osgoi ei dorri ei hun yn anfwriadol wrth rolio drosodd. Roedd hyn yn arwydd o feddwl ac ystyriaeth ofalus Bened at ei fynachod – gwir ragflaenydd Iechyd a Diogelwch yn y Gwaith.

Roedd rheswm arall dros gadw eu dillad amdanynt. Roedd yn bwysig i fynachod, pe baen nhw'n marw yn ystod y nos, y dylent fod wedi gwisgo a'u habid amdanynt, yn barod i gwrdd â'u gwneuthurwr. I atgyfnerthu'r pwynt hwn, dywedodd Caesarius o Heisterbach stori am fynach o Fossa Nova (yr Eidal) yr oedd ei frodyr wedi tynnu ei abid i leddfu ei dwymyn. Bu farw, ond daeth yn ôl o farw'n fyw bron yn syth i roi gwybod i'r gymuned ei fod wedi ei wrthod o gatiau Paradwys am nad oedd yn gwisgo ei abid. Ar ôl unioni hyn, bu farw'n heddychlon. Er mwyn pwysleisio disgyblaeth o ran dillad, adroddodd Caesarius hanes arall am fynach a oedd ar fin cael ei ethol yn abad. Rhwystrwyd hyn gan weledigaeth a rybuddiodd rhag ethol mynach a oedd wedi cysgu unwaith heb ei sanau.

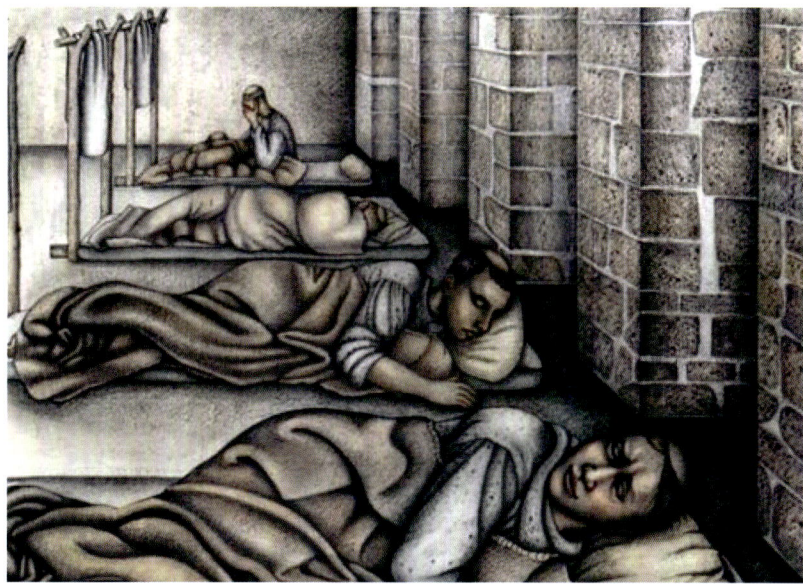

Ffig. 33: Mynachod yn cysgu yn yr hundy uwchben rhes ddwyreiniol y cloestr.

Gallai'r nos ddod â brawiau a themtasiwn ac roedd angen i fynachod aros yn wyliadwrus, hyd yn oed yn eu cwsg, er mwyn osgoi syrthio i amheuaeth neu bechod. Bu un o ffrindiau Bernard, William o St Thierry, yn cynghori mynachod i feddwl am rywbeth a fyddai'n caniatáu iddynt syrthio i gysgu'n heddychlon ac aros ynghwsg. Mae'n rhaid bod y cyngor hwnnw'n haws ei ddarllen neu ei glywed nag ydoedd i'w roi ar waith, pan allai sŵn annisgwyl o'r tu allan, neu hunllef, gadw mynach yn effro yn yr oriau rhwng y Cwmplin a'r gwasanaeth nos. Fel iachâd i anhunedd, argymhellodd Matthew o Rievaulx adrodd (yn ddistaw) Gredo Athanasiws (datganiad o gred Gristnogol) saith gwaith, neu'r saith salm edifeiriol, sy'n nodedig am eu mynegiant o ofid dros bechodau a gyflawnwyd. Roedd cyffesu yn helpu, hefyd, gan y buasai'n clirio'r meddwl o edifeirwch dros droseddau a gyflawnwyd neu a ddychmygwyd.

Ceid peryglon o geisio cyfathrebu â chyd-fynachod, ac am y rheswm hwn roedd rheol tawelwch yn absoliwt. Roedd yr un golau a losgai a gwyliadwriaeth y mynachod a fyddai'n patrolio'r hundy yn gwarchod rhag ymddygiad amhriodol, ond byddai'r diafol bob amser wrth ei waith, ac yn arbennig o dueddol o demtio'r rhai cysglyd neu ynghwsg. Cofnododd Walter Daniel un achlysur pan ymwelodd y diafol â dau fynach o Rievaulx yn ystod y nos. Yn eu braw bu iddynt ruo fel teirw gan ddeffro'r holl gwfaint, a oedd yn ddigon i drechu'r diafol – y tro hwn. Efallai y byddai'r mynachod yn cael help i wrthsefyll 'peryglon' y nos drwy ymweliadau gan y Fendigaid Forwyn Fair neu seintiau eraill. Yn Abaty Dunfermline (yr Alban) achubwyd mynach rhag cythreuliaid ar ffurf cŵn ffyrnig gan Santes Margaret o'r Alban.

Bwydo'r Corff a'r Enaid: Bwyd a Diod

Cymerid prydau bwyd mewn ffreutur cyffredin, a hwnnw fel rheol yn rhes ddeheuol y cloestr. Un syml oedd diet y Sistersiaid. Ysgrifennodd mynach o Abaty Rievaulx yn Swydd Efrog yn y ddeuddegfed ganrif am y Sistersiaid yn bwyta dim ond yr hyn yr oedd ei angen i gynnal anghenion y corff: 'pwys o fara, peint o ddiod, dwy saig o fresych a ffa', er bod digon o lysiau ffres ar gael. Dychwelodd y Sistersiaid yn ymwybodol i Reol Sant Bened, a oedd yn nodi mai dim ond un pryd y dydd y dylid ei gymryd, ond yn yr haf, yn oriau hirach golau'r haul, caniatawyd ail bryd o fwyd, sef swper ysgafn. Yn y prif bryd bwyd, byddai dwy saig (grawnfwyd neu lysiau) yn cael eu gweini – rhag ofn nad oedd mynach yn hoffi un ohonynt – a chaniateid llysiau a ffrwythau ychwanegol. Roedd bara i fod yn fras (er bod bara o ansawdd gwell yn cael ei ganiatáu i gleifion) a, nes i gyfyngiadau gael eu codi yn y bedwaredd ganrif ar ddeg, gwaharddwyd cig, hynny yw cnawd anifeiliaid pedair coes.

Ffig. 34:
Cwpan Nanteos. Wedi'i wneud o gollen ystwyth, mae hwn yn rhan o gwpan masarn o'r bedwaredd ganrif ar ddeg, llestr a oedd yn gyffredin ar fyrddau bwyta mynachaidd ac mewn ceginau. Dywedir mewn llên gwerin lleol fod y cwpan hwn wedi dod yn wreiddiol o Ystrad Fflur ac wedi ei gadw gan deulu Powell o Nanteos a oedd yn berchen ar safle'r fynachlog tua diwedd y ddeunawfed ganrif. Credid y gallai yfed dŵr neu win ohono wella unrhyw glefyd, yn enwedig pe bai'r claf yn deintio ychydig o'r pren hefyd, a dyna achos ei gyflwr modern. Mae'n cael ei arddangos yn Llyfrgell Genedlaethol Cymru ar hyn o bryd.

Ar achlysur penblwyddi a dyddiau gŵyl arbennig gellid caniatáu danteithion ychwanegol, fel cyfrannau bychain, megis wyau, pysgod neu gaws, a bara o ansawdd gwell na'r torthau bras arferol, ond roedd y Sistersiaid yn gyffredinol yn parchu cyfyngiadau Sant Bernard o Clairvaux rhag cymryd gormodedd o fwyd. Gwawdiai Bernard brydau bwyd wedi'u coginio'n gywrain, gan nodi'r ffyrdd lawer y gellid 'arteithio' wyau: eu coginio'n feddal neu'n galed, eu sgramblo, eu ffrio neu eu rhostio, neu hyd yn oed eu stwffio. Fel bwyd, roedd diod (gwin neu gwrw) i'w chymryd yn gymedrol heb iddi ymyrryd â chynnal y gwasanaethau dwyfol.

Caniatéid perlysiau ond rhybuddid rhag sbeisys fel cwmin 'sy'n cynnau chwant'.

Tua diwedd yr Oesoedd Canol, pan laciwyd cyfyngiadau dietegol, caniatawyd cig ar achlysuron arbennig ac yn aml roedd cegin gig ar wahân. Wrth i fwydydd mwy egsotig ddod ar gael yn ehangach, gallai'r rhain hefyd ymddangos yn achlysurol yn y diet Sistersaidd. Daw hyn yn glir nid yn unig mewn cyfriflyfrau, megis yr un o Abaty Beaulieu (Hampshire) ac Abaty Whalley (Swydd Gaerhirfryn) ond hefyd cloddiadau archeolegol, fel yn Abaty Øm (Denmarc) a roddodd dystiolaeth o fwyta amrywiaeth o bysgod. Gwyddom i fynachod Ystrad Fflur bysgota ym Mhyllau Teifi yn y mynyddoedd uwchben y fynachlog, yn union fel y pysgotai mynachod Meaux (Swydd Efrog) yn Hornsea Mere.

Ffig. 35:
Pyllau Teifi yn edrych tua'r dwyrain ar draws porfeydd garw agored Mynyddoedd Cambria a oedd yn eiddo i Ystrad Fflur (Ffotograff o'r awyr gan Toby Driver: RCAHMW AP DI2007_1679). Roedd y pyllau hyn yn enwog am fod yn ferw o lysywod a brithyllod. Yn y blaendir mae tair set o wrthgloddiau: y cliriaf (i'r chwith o'r canol) yw olion ffermydd seciwlar; (canol) strwythur mawr ar gyfer trin defaid yn ôl pob tebyg; ac yn llai amlwg, (i'r dde) cyfres fwy cymhleth o adeiladau a chronfa ddŵr, sef *bercaria* (corlan/fferm ddefaid) y Sistersiaid yn ôl pob tebyg.

Cyhoeddwyd prydau bwyd drwy ganu cloch. Cyn mynd i mewn, byddai'r mynachod yn golchi eu dwylo wrth y *lavatorium*, neu fasnau a oedd naill ochr i ddrws y ffreutur. Yn y ffreutur eisteddai'r mynachod ar feinciau wrth fyrddau'n wynebu tuag i mewn. Roedd y cyfrifoldeb cyffredinol am y prydau yn perthyn i'r sawl a oedd yn rheoli'r ffreutur a'r selerydd a oedd yn gyfrifol am gyflenwi'r fynachlog. Byddai'r ceginwr a'r selerydd eisoes wedi gosod y llestri ar y bwrdd cyn i'r gloch gael ei chanu i gyhoeddi swper. Cyn iddynt gael eistedd arhosai'r mynachod ar eu traed am fendith ac nid oeddent i ddechrau bwyta nes i'r prior, a eisteddai ar lwyfan uchel ym mhen deheuol y ffreutur, seinio cloch llaw a dadorchuddio ei fara. Câi'r prior flaenoriaeth oherwydd bod yr abad yn bwyta mewn siambr ar wahân lle byddai'n croesawu gwesteion. Uwchben y llwyfan uchel roedd croes yn aml, neu, fel yn Abaty Cleeve, furlun mawr o'r Croeshoeliad, gyda'r Fendigaid Forwyn Fair a Sant Ioan o boptu i'r Groes. Mae mawredd a gwychder pensaernïol llawer o ffreuturau yn adlewyrchu eu pwysigrwydd fel mannau bywyd cymunedol.

Ffig. 36:
Adluniad o'r ffreutur yn Nhyndyrn (Terry Ball i Cadw) gyda'r pulpud i ddarllenydd testun y dydd wedi ei osod yn uchel yn y wal orllewinol (ochr chwith).

Cymerid prydau bwyd mewn tawelwch, a byddai darllenydd, yn y pulpud neu'r ddesg ddarllen a osodwyd uwchlaw lefel yr ystafell, yn darllen o lyfr priodol: byddai'r meddwl yn cael ei borthi yn ogystal â'r corff. Byddai dau fynach yn gweini ar eu brodyr ar rota wythnosol. Mynnai'r *Ecclesiastica officia*, mewn mynachlogydd heb ddŵr rhedegog, y dylai'r cynorthwywyr dynnu dŵr i'r mynachod ymolchi, ac i'r bwrdd. Yna, gosodai un ohonynt y dognau wedi'u coginio, ar gyfer y nofisiaid yn gyntaf, ac yna i'r mynachod, a chyfrifoldeb y llall oedd casglu'r llestri ar ddiwedd y pryd. Ar ddydd Sadwrn byddent yn gwneud gwaith cadw tŷ: rinsio tywelion, sgwrio'r basnau, ysgubo'r geudai a phen pellaf yr hundy, a chario'r sbwriel allan. Byddent yn cynhesu dŵr ar gyfer y *mandatum* (a ddisgrifiwyd uchod) ac roedd ganddynt rôl yn y ddefod honno.

I'r gorllewin roedd y gegin, a wasanaethai ffreutur y *conversi* (brodyr lleyg) hefyd, a honno ym mhen deheuol y rhes orllewinol. I'r dwyrain o'r ffreutur roedd yr ystafell gynhesu lle caniatéid tân. Mynnai'r *Ecclesiastica officia* fod dau frawd lleyg ar noson Nadolig i baratoi tân yn yr ystafell gynhesu i'r mynachod gynhesu eu hunain yn ystod yr egwyl ar ôl Gwylnosau. Yma gallent geisio rhyw loches rhag oerfel brathog y gaeaf. Ar wahân i'r angen am gynhesrwydd, y rhesymau eraill a ganiatéid dros fynd i'r tŷ cynhesu oedd i'r mynachod iro eu hesgidiau allanol a gwella wedi gollwng gwaed (gweler isod). Beth bynnag yr achlysur am fynd i mewn, fe gâi'r mynachod eu rhybuddio na ddylent fynd yn droednoeth.

Ymolchi ac Eillio

Ymolchai'r mynachod cyn Moliannau, a golchi eu dwylo cyn prydau bwyd, a'u traed yn y ddefod wythnosol. Peth prin oedd baddonau, a hynny am eu bod yn cael eu hystyried yn foethusrwydd ac oherwydd y gallent achosi gormod o bleser. Am y rheswm hwn, o fewn y fynachlog, dim ond i'r cleifion yn y clafdy y'u caniatéid. Byddai mynachod Sistersaidd yn eillio saith gwaith y flwyddyn: cyn y Nadolig, yn syth cyn y Grawys, adeg y Pasg, y Pentecost (y Sulgwyn), gŵyl y Santes Fair Fadlen ym mis Gorffennaf, Geni'r Forwyn Fair Fendigaid (8 Medi) a gŵyl yr Holl Saint (1 Tachwedd). Byddai cynorthwywyr wythnosol y gegin yn dod â dŵr cynnes i'r cloestr a'r mynachod yn eillio'i gilydd. Roedd rheoliadau'n datgan na ddylai'r broses o eillio corun y pen i ffurfio tonsur (a oedd yn symbol o statws mynachaidd) adael stribed rhy gul o wallt: ni adawyd dim i hap a damwain. Mae'r ffaith bod y gweithgareddau hyn yn digwydd yn y cloestr yn arwyddocaol. Yn ogystal â bod – fel y gwelsom – yn symbol o Baradwys roedd yn lle gweithgareddau cymunedol daearol iawn.

Ffig. 37: Llawysgrif o abaty Dore (Swydd Henffordd), yn darlunio mynach yn cael ei donsur (Llundain, y Llyfrgell Brydeinig, Cotton Cleopatra, C.XI, f. 27v.)

Dillad: yr Abid Sistersaidd

Gyda doethineb a hyblygrwydd nodweddiadol, caniataodd Sant Bened i frodyr mynachlog mewn ardal oer gael mwy o ddillad na'r rheini mewn hinsoddau cynhesach. Lle bynnag yr oeddent yn byw, roedd mynachod i fod yn fodlon â beth bynnag oedd ar gael yn lleol ac yn rhad. Pennodd rheoliadau Sistersaidd adeg dychwelyd i ysbryd y Rheol y byddai dillad yn syml, heb unrhyw ffwr na dillad isaf o wlân a lliain. Gwnaeth Bened ddarpariaeth i fynachod a oedd yn gorfod mynd y tu allan i'r fynachlog ar fusnes wisgo tiwnigau a chycyllau a oedd ychydig yn well na'r rhai a wisgent fel arfer, a chymryd llodrau o'r cwpwrdd dillad y byddent, ar ôl dychwelyd, yn eu golchi ac yn eu gosod yn ôl yn y cwpwrdd. Cyhuddodd Walter Map, dychanwr o'r ddeuddegfed ganrif, y Sistersiaid o geisio mynd cam ymhellach, a hepgor llodrau'n llwyr. Mae'n adrodd hanes mynach Sistersaidd a gwympodd un dydd, tra'r oedd allan o'r fynachlog, ac wrth iddo gwympo, dyma awel yn codi ei abid. Yn ôl Walter, enynnodd hyn sylw gan y Brenin Harri II a oedd yn bresennol am 'dduwioldeb tin-noeth' y Sistersiaid.

Roedd y Sistersiaid yn cael eu galw'r Mynachod Gwyn. Tra bod y Benedictiaid (y Mynachod Du) yn gwisgo abid wedi ei lliwio'n ddu, dewisai'r Sistersiaid wlân heb ei liwio, yn syth o'r ddafad (ac yn llwydaidd yn hytrach na gwyn mae'n debyg). Roedd Walter Daniel, mynach Rievaulx a ysgrifennodd am fywyd ei abad, Aelred, yn eu tebygu i angylion, ac, ar achlysuron eraill ac yn llai clodforus, i wylanod.

Ffig. 38:
Llawysgrif o'r bymthegfed ganrif yn darlunio dyfodiad Sant Bernard gyda'i fynachod yn Clairvaux ym 1115. Mae gan yr abid wen nodweddiadol ffedog ddu/frown (scapula) yn y blaen a'r cefn, a wisgid fel arfer ar gyfer gwaith (gweler hefyd ffig. 29). Y Llyfrgell Brydeinig Yates Thompson MS 32, f. 9v.

Distawrwydd

Ysgrifennodd mynach Sistersaidd am ddistawrwydd dwys y fynachlog, yng nghanol y dydd yn ogystal ag yn nyfnder nos, a'r unig synau yno oedd rhai'r mynachod yn canu'r gwasanaethau neu wrth eu gwaith. Ni chafwyd fawr o siarad, a digwyddai sgyrsiau angenrheidiol (megis y rhai'n ymwneud â busnes y fynachlog) yn y parlwr yn y rhes ddwyreiniol, fel rheol wrth ymyl y cabidyldy. Pe byddai angen cyfathrebu, yna defnyddid math o iaith arwyddion, gydag ystod o ystumiau ar gyfer pobl, bwyd, gweithredoedd, ac emosiynau fel dicter a thristwch. Serch hynny, câi'r mynachod eu rhybuddio bod arwyddion o'r fath ar gyfer cyfathrebu angenrheidiol yn unig – fel gofyn am basio bara iddynt neu nodi angen i ymweld â'r geudai – nid ar gyfer cynnal sgyrsiau. Ar ôl y Cwmplin gorymdeithiai'r mynachod i'r hundy mewn tawelwch, ac nid oedd neb i ddweud gair tan y gwasanaeth nos.

Fodd bynnag, buasai llawer o synau gwahanol yn y fynachlog: murmur meddal lleisiau'r mynachod wrth iddynt ddarllen yn ystod cyfnodau o *lectio divina*; y llafarganu; canu clychau, un fawr efallai ar gyfer y gwasanaethau mawr ac un llai o faint i wasanaethau eraill; seinio gongau; a sgwrsio ysgafn wrth i'r mynach-swyddogion fel yr ysbytŷwr gyflawni ei ddyletswyddau. Yn y caeadle ehangach, byddai'r synau cysylltiedig â'r gweithdai i'w clywed, a gweryru ceffylau wrth i westeion gyrraedd. Ond, o fewn y cloestr, roedd distawrwydd yn canolbwyntio'r meddwl mynachaidd ac yn dileu'r temtasiwn i ymroi i glebran a allai beri anghytgord.

Ffig. 39:
Gallai distawrwydd y fynachlog Sistersaidd gael ei dorri gan synau cynhyrchu diwydiannol ar raddfa eithaf mawr. Ar safle Treftadaeth y Byd hardd abaty Fontenay yn y Côte d'Or ym Mwrgwyn, mae adeilad gefail fawr iawn sy'n cael ei phweru gan ddŵr yn dal i sefyll o fewn 30 metr i brif adeiladau'r abaty (A ar y cynllun). Yn Ystrad Fflur hefyd, mae cloddiadau wedi datgelu strwythur tebyg o fewn y cwrt mewnol. Buasai taro rhythmig y morthwyl a sŵn y meginau'n torri ar draws y tawelwch.

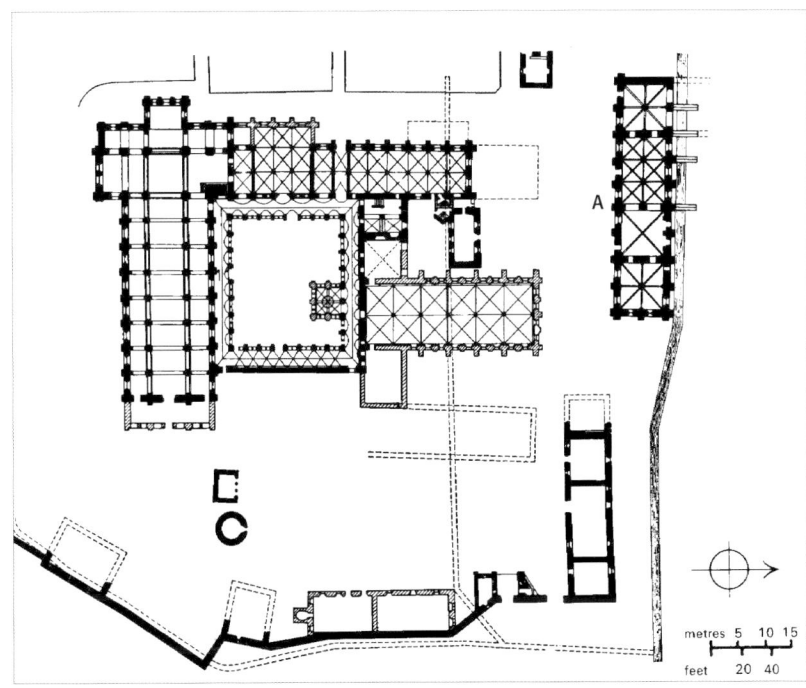

Dod yn Fynach

Denwyd llawer o ddynion a menywod at y bywyd mynachaidd fel modd o ddilyn eu ffordd eu hunain i iachawdwriaeth. Roedd gan bob un ei ran i'w chwarae, o'r mwyaf i'r lleiaf. Disgrifiodd Walter Daniel ei abaty fel man lle'r oedd pawb – mawr a bach, hen ac ifanc, dysgedig ac annysgedig – yn destun yr un gyfraith, a phawb yn cael ei ystyried yn gyfartal.

Ymgeisydd – Nofis – Mynach

Byddai pob mynach Sistersaidd yn dechrau ei daith fynachaidd yn yr un modd a bennwyd yn Rheol Sant Bened. Fel ymgeisydd ('postulant') byddai'n cyrraedd y porthdy yn ceisio cael mynediad. Nid ar chwarae bach y byddai hwn yn cael ei roi, ac ar ôl pedwar neu bum diwrnod – pe byddai yno o hyd – câi ei arwain i'r gwesty, i dreulio mwy o ddiwrnodau'n ystyried ei benderfyniad. Pe byddai'n glynu wrth ei uchelgais, câi ei arwain i mewn i'r cabidyldy lle byddai'n penlinio gerbron y ddarllenfa. Byddai'r abad yn gofyn iddo beth a geisiai, a byddai'n ateb 'trugaredd Duw a'ch trugaredd chwi'. Yna byddai'n dechrau'r tymor prawf yn ffurfiol, sef cyfnod o hyfforddiant a oedd (mewn egwyddor o leiaf) yn para blwyddyn gron, pan gâi gyfarwyddyd gan y meistr nofisiaid. Ni fuasai pawb yn dod trwy'r cyfnod prawf hwn: dair gwaith yn ystod ei dymor prawf, byddai Rheol Sant Bened yn cael ei darllen i'r nofis, ac yntau'n cael y cyfle i newid ei feddwl.

Ni châi nofisiaid fod yn ddynion priod. Os byddid yn darganfod bod dyn yn briod cyn iddo wneud ei ddiofrydau, byddai'n cael ei ddiarddel, ac ni châi ailymuno heblaw y gallai gyflwyno llythyr gan ei esgob neu dyst dibynadwy i brofi bod ei wraig wedi cymryd llw diweirdeb ac wedi ei ryddhau ef o'r briodas.

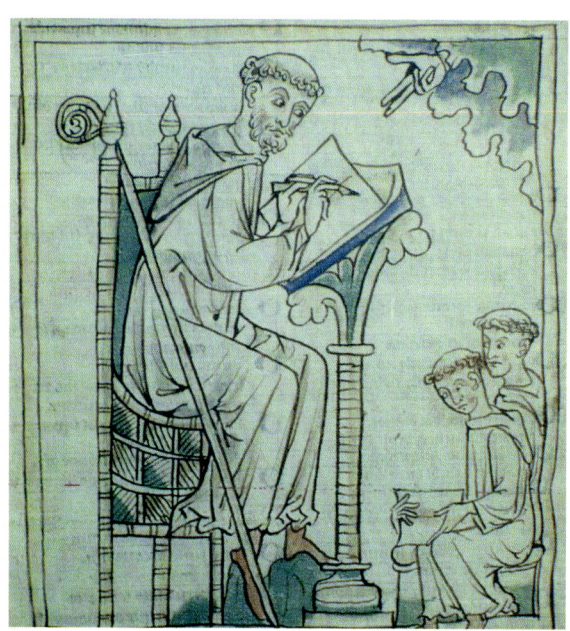

Ffig. 40: Darlun llawysgrif o'r drydedd ganrif ar ddeg o Bernard o Clairvaux yn ysgrifennu, gyda dau ddisgybl ifanc (Rhydychen, Llyfrgell Bodley, MS Laud Misc. 385 (Flores Bernardi, o Abaty Awstin Fynach, Caergaint), f. 41v).

Byddai'r dyn a ddaliai ati yn cymryd ei ddiofrydau – ufudd-dod i'r Rheol a'r abad, trawsnewid bywyd (hynny yw, mabwysiadu bywyd y mynach), a sefydlogrwydd (addewid i barhau'n aelod o'r gymuned am weddill ei oes). Os oedd ganddo unrhyw eiddo, roedd disgwyl iddo ei roi i'r fynachlog. Byddai'n cael ei donsurio wedyn, hynny yw, eillio ei wallt mewn siâp coron, a'r toriadau'n cael eu llosgi. Byddai ei ddillad ei hun yn cael eu cymryd oddi arno a châi'r abid fynachaidd – symbol o'i newid bywyd; yng ngeiriau Sant Paul, roedd yn diosg yr hen ddyn ac yn derbyn y newydd. Cedwid ei ddillad ei hun rhag ofn iddo benderfynu rhoi'r gorau i'r fynachlog – er nad oedd disgwyl y byddai'n gwneud hynny oni bai iddo wrando ar 'berswâd y diafol'.

Buasai amrywiaeth o recriwtiaid, rhai ohonynt yn ymuno'n rhydd, o rengoedd y gymuned seciwlar a'r clerigwyr, a'r rhai a oedd efallai'n llai parod. Efallai bod pwysau teuluol wedi bod – darparu gyrfa i fab iau (neu ferch, am fod tai i ferched Sistersaidd yn ogystal â dynion) – neu bwysau economaidd. Weithiau byddai gofynion y bywyd mynachaidd yn ormod. Yn ei eiriau am fywyd Aelred o Rievaulx, adroddodd Walter Daniel hanes nofis a ymunodd â Rievaulx tra bod Aelred yn feistr nofisiaid. Ymddangosodd wrth gât yr abaty, ac, ar ôl treulio ychydig ddyddiau yn y gwesty, fel y pennwyd gan y Rheol, aethpwyd ag ef i ofal Aelred yn nhŷ'r nofisiaid. Barnodd Walter nad oedd y nofis yn gadarn ei feddwl – barn lem efallai – a disgrifiodd ei fod wedi gwamalu a rhedeg i ffwrdd cyn cymryd ei ddiofrydau. Crwydrodd drwy'r clostiroedd mynachaidd ac i mewn ac allan o'r coed a oedd yn eu hamgylchynu. Gan fynd o gwmpas mewn cylchoedd, cafodd ei hun yn ôl ar y ffordd i'r fynachlog lle cafodd ei dderbyn yn ôl gan Aelred gyda dagrau o lawenydd.

Ond, wedi hynny, ac wedi cymryd ei ddiofrydau mynachaidd, cafodd argyfyngau pellach. Ni allai, meddai, oddef gofynion y bywyd mynachaidd: hyd y Gwylnosau, y gwaith llaw, chwerwder y bwyd na allai ei lyncu, y dillad garw a frathai ei gnawd. Ymyriad Aelred – am yr eildro – a'i perswadiodd i aros ac roedd yn fynach Sistersaidd tan ddiwedd ei oes. Adroddwyd yr hanes gan Walter Daniel i bwysleisio rhinweddau Aelred: ei amynedd, ei drugaredd, ei dosturi, a'i ofal am y gwan – ond stori rybuddiol yw hon. Nid llwybr hawdd mo bywyd y mynach bob amser. Roedd yn golygu mwy nag ymrwymo i drefn ailadroddus ei fywyd pob dydd. Roedd yn mynnu ymwrthod ag eiddo preifat, ufudd-dod llwyr i'r abad (hyd yn oed os oedd brawd yn anghytuno ag ef), torri cysylltiadau teuluol a mynd heb bosibiliadau priodas a theulu. I'r rhai a barhaodd yn y bywyd Sistersaidd y wobr oedd iachawdwriaeth.

I Oedolion yn Unig
Gosodwyd y ddefod ar gyfer derbyn nofisiaid yn Rheol Sant Bened, ond gwnaeth y Sistersiaid un newid arwyddocaol. Yn draddodiadol, roedd dau fath o recriwt i'r bywyd mynachaidd. Y cyntaf oedd dosbarth obladiaid plant, sef plant a gynigiwyd i'r fynachlog gan eu teuluoedd, yno i gael eu haddysgu ac i gymryd diofrydau ar yr adeg briodol. Roedd yr ail grŵp yn cynnwys y recriwtiaid oedolion a ymunai â'r bywyd mynachaidd gan wybod yn iawn beth oedd hyn yn ei olygu. Erbyn yr unfed ganrif ar ddeg roedd arfer offrymu plant yn colli bri, a hynny'n rhannol oherwydd mater dewis, ac yn rhannol oherwydd bod presenoldeb bechgyn ifanc yn y cloestr yn cael ei ystyried yn drafferthus. Ymunodd nai Sant Bernard ei hun, Robert, â'r Sistersiaid

fel oedolyn ond cafodd ei hawlio wedyn gan fynachlog enwog Cluny (Sâone-et-Loir, Ffrainc) a'i berswadio bod ei gartref gyda nhw am iddo gael ei offrymu'n blentyn. Wrth ysgrifennu at Robert i ymbil arno i ddychwelyd i'r gorlan Sistersaidd, gofynnodd Bernard gwestiwn rhethregol sef p'un oedd â'r grym mwyaf, diofryd a wnaed gan ddyn yn ei lawn dwf gan gydnabod yn llawn yr hyn yr oedd yn ei wneud, ynteu ddiofryd a wnaed ar ran plentyn gan ei rieni.

    Roedd ei gondemniadau brwd o offrymu plant yn cydgordio â naws yr oes. O hynny ymlaen, roedd y Sistersiaid yn mynnu y dylai recriwtiaid i'r bywyd mynachaidd fod o leiaf un ar bymtheg oed, a chodwyd hyn yn ddiweddarach i ddeunaw.

Codi drwy'r Rhengoedd

Arhosodd rhai mynachod yn y safle hwnnw drwy gydol eu gyrfaoedd, gan dreulio eu dyddiau wrth weithgareddau rheolaidd gweddïo, darllen, a gwaith llaw. Cododd eraill, o'r enw dyletswyddogion, i swyddi gweinyddol neu reolaethol. Mewn abatai mwy o faint, gallai hyn lyncu llawer o'u hamser o gwmpas a hyd yn oed yn ystod yr oriau canonaidd.

Y Swydd ar y Brig: yr Abad

Pen y gymuned fynachaidd oedd yr abad. Roedd ar yr un adeg yn rheolwr, yn ffigwr awdurdod, ac yn dad i'w fynachod. Nid heb reswm yr oedd Rheol Sant Bened yn ei atgoffa y byddai'n ateb yn y Farn Olaf am ba mor dda (neu beidio) yr oedd wedi cyflawni ei swydd. Roedd y Rheol yn nodi bod yr abad i'w ethol gan y gymuned, neu'r 'rhan fwyaf a doethaf' ohoni – amwyster a allai arwain yn wir at ddryswch ac ymraniad. Gosodwyd hefyd nad oedd unrhyw drefn flaenoriaeth awtomatig: roedd hyd yn oed y mynach ieuengaf yn gymwys.

Ffig. 41:
Darlun llawysgrif o tua 1125 yn darlunio Stephen Harding, un o sylfaenwyr y mudiad Sistersaidd ac awdur ei *Carta caritatis*. Yn y ddelwedd lawn y cymerwyd hwn ohoni, dangosir Stephen yn symbolaidd yn cyflwyno ei eglwys i'r Fendigaid Forwyn Fair fel Brenhines y Nefoedd a'r Ddaear (Dijon, Bibliothèque Municipale, MS 130, f. 104).

Fe wnaeth y Sistersiaid, a drefnwyd fel y gwelsom fel coeden deuluol fawr, ehangu'r broses ar gyfer dewis abad. Roedd yr abad yn dal i gael ei ethol gan y gymuned, ond byddai'r etholiad dan oruchwyliaeth y tad-abad neu ei ddirprwy (mewn un achos enwog o Swydd Efrog etholwyd y dirprwy ei hun yn abad). Ar ben hynny, gallai Sistersiaid edrych y tu allan i'w tŷ eu hunain am abad; yr unig berson na allent ei ddewis oedd un nad oedd yn Sistersiad. Felly, gallai penaethiaid abatai fel Hendy-gwyn ar Daf gael eu dewis o'r tŷ ei hun, neu ei ganghennau, neu unrhyw fynachlog Sistersaidd. Byddai'r abad cyntaf wedi dod o'r fam-dŷ gyda chymuned sefydlol, Cynan Ystrad Fflur o Hendy-gwyn ar Daf, Philip Glyn y Groes o Ystrad Marchell, er enghraifft. Nid peth hawdd bob amser yw canfod tystiolaeth gadarn o darddiad abadau tai Cymru, ac mae'n bur debygol iddynt gael eu dyrchafu o'r tu mewn. Ar y llaw arall, ym mhrif dai Swydd Efrog yn Fountains a Rievaulx mae gennym dystiolaeth fod gan eu habadau, yng nghanrif gyntaf eu bodolaeth, yrfaoedd blaenorol amrywiol. Yn y ddeuddegfed ganrif, tynnodd Fountains ei benaethiaid o Rievaulx, Vauclair (Aisne, Ffrainc), Pipewell (Swydd Northampton), Newminster (Northumberland), a Louth Park (Swydd Lincoln) – a'r ddau olaf yn ganghennau

Fountains. Gwasanaethwyd Rievaulx gan abadau a dynnwyd o'i ganghennau yn Dundrennan a Melrose yn yr Alban a Warden yn Swydd Bedford. Tai o statws uchel oedd y rhain, fodd bynnag, ac efallai nad oeddent yn nodweddiadol.

Gwyddom y gallai swydd abad fod yn un o fri a phwysigrwydd, ac roedd uchelgais, cystadleuwyr ymhlith gwahanol garfanau o fewn tŷ, neu awydd noddwr i sicrhau dyrchafiad ymgeisydd ffafriol, yn gallu arwain at etholiadau dadleuol. Yn Ystrad Fflur yn y 1340au brwydrodd Llywelyn Fychan yn erbyn Clement ap Rhysiart, anghydfod a oedd yn cynnwys y Cabidwl Cyffredinol yn Cîteaux, llys y pab, esgob Henffordd, llys apêl archesgob Caergaint yn Llundain (yr awdurdod eglwysig uchaf yn y tir), ac Edward, tywysog Cymru (y Tywysog Du). Mae hyn yn ein hatgoffa nad oedd swydd abad mynachlog Sistersaidd bob amser yn fater lleol yn unig, ac y gallai fod o arwyddocâd rhyngwladol.

O fewn ei abaty ei hun roedd gan yr abad ddyletswyddau litwrgaidd pwysig yn y côr, yn cymryd y lle cyntaf ar yr ochr dde tua'r gorllewin fel y nodwyd uchod, gan arwain amryw o antiffonau (darnau cerddorol byr y gellid eu defnyddio fel byrdwn, er enghraifft, ar ddiwedd salm), a bendithio'r darllenwyr. Llywyddai'r cabidwl dyddiol a'r colasiwn cyn y Cwmplin. Oherwydd cydnabod pwysigrwydd trin gwesteion yn dda, cadwai'r abad ei fwrdd ei hun lle byddai'n croesawu ymwelwyr. Os nad oedd gwesteion, byddai'n gwahodd dau fynach i fwyta gydag ef. Yng nghyfnod cynnar yr Urdd, byddai'n cysgu yn hundy'r mynachod, ond yn fwyfwy adeiladodd abadau eu llety eu hunain, a safai fel arfer i'r dwyrain o'r rhes ddwyreiniol, yng nghyffiniau'r clafdy, fel yn Nhyndyrn, Fountains, a Byland.

Ffig. 42:
Llety'r abad ar wahân yn Abaty Netley, ger Southampton, Hampshire.

Yng Nglyn y Groes, ar y llaw arall, mae tystiolaeth bod hundy'r mynachod yn y bedwaredd ganrif ar ddeg a'r bymthegfed ganrif ar lawr cyntaf y rhes ddwyreiniol wedi'i addasu i greu siambr ar gyfer yr abad a lletty ar gyfer gwesteion pwysig. Efallai mai hwn oedd cyfnod yr Abad Dafydd ab Ieuan ab Iorwerth (1480–1503) a oedd yn adnabyddus am ei letygarwch hael.

Ffig. 43:
Rhes ddwyreiniol Abaty Glyn y Groes, gyda hundy'r mynachod ar y llawr cyntaf. Cafodd hwn ei addasu yn y bymthegfed ganrif yn llety'r abad, gyda llety ar gyfer gwesteion.

Roedd gan abad Sistersaidd ran i'w chwarae o fewn yr Urdd trwy fynychu'r Cabidwl Cyffredinol Blynyddol ac ymweliad blynyddol ag unrhyw ganghennau a oedd wedi'u sefydlu o'i fynachlog. Yn anffodus, nid yw cofnodion y cabidwl yn ddigon llawn i roi darlun manwl i ni o bwy oedd yn y Cabidwl Cyffredinol a phwy nad oedd yno. Gwyddom i'r Cabidwl esgusodi abad Aberconwy rhag mynychu ym 1216 oherwydd salwch, ac ym 1277 nodwyd nad oedd abad Tyndyrn wedi bod yn bresennol ers peth amser, hefyd oherwydd salwch. Cafodd yr olaf ei rybuddio, fodd bynnag, y byddai disgwyl iddo ymddiswyddo pe na bai'n mynychu'r flwyddyn ganlynol.

Gallai amharodrwydd i fynd i'r Cabidwl mewn rhai achosion gael ei esbonio gan hyd yr amser a gymerai abad i ffwrdd o'i fynachlog a pheryglon posibl teithio. Gallai hefyd fod yn ddrud, ac ym 1274 cafodd abad Cymer fenthyg £12 gan Llywelyn ap Gruffudd, tywysog Gwynedd, i helpu i dalu ei gostau. Gellid ysgwyddo treuliau mewn ffyrdd eraill, ac ym 1220 cafodd Hendy-gwyn ar Daf ganiatâd gan y Cabidwl Cyffredinol i gyfyngu ar y lletygarwch yr oedd rhaid iddo ei gynnig i fynachod o Loegr ac Iwerddon i bymtheng diwrnod. Roedd abadau Iwerddon yn ddiau ar eu ffordd i'r Cabidwl ac yn mwynhau prydau a llety estynedig yn nhŷ'r Cymry nad oedd ymhell oddi ar y llwybr arfordirol o Iwerddon.

Byddai'r Cabidwl yn dirprwyo'r gwaith o ymchwilio i rai materion i abadau lleol, a phan ddigwyddai hyn mae'n debygol bod yr abad wedi cael ei gomisiwn yn bersonol – mewn geiriau eraill, ei fod yn bresennol yn y Cabidwl. Ym 1199, wrth ystyried cais Madog ap Gruffudd o Bowys Fadog i gael sefydlu mynachlog Sistersaidd, gorchmynnodd y Cabidwl i abad Margam fynd ag abadau Buildwas (Swydd Amwythig) a Hendy-gwyn ar Daf gydag ef a chael trafodaeth gyda Madog am yr hyn yr oedd yn ei gynnig ac addasrwydd y safle. Yr abaty y byddai'n ei sefydlu oedd Glyn y Groes.

Roedd ymweliad blynyddol yn caniatáu i dad-abad wneud yn siŵr bod yr holl reoliadau Sistersaidd yn cael eu dilyn mewn perthynas â phob agwedd ar fywyd a gweinyddiaeth, megis cynnal distawrwydd, dathlu'r litwrgi, diet a dillad, darparu lletygarwch. Roedd *forma visitationis* ('Ffurf ymweliad') tua 1180 yn nodi dyletswyddau'r abad ar ymweliad a dyletswyddau'r gymuned. Roedd y cyntaf i fod yn wyliadwrus a chyfiawn, gan bwyso a mesur yn ofalus yr hyn a ddysgodd, a pheidio â rhoi sylw i glebran nac enllibion. Roedd i gywiro gyda chariad a pharchedigaeth ac mewn modd adeiladol. Roedd disgwyl i'r gymuned dderbyn ei gywiriadau gyda chariad a pharch.

Deiliaid Swyddi Eraill

Y prior oedd dirprwy'r abaty - cyfrifoldeb a gynyddodd pan oedd abadau'n absennol am ba bynnag reswm. Yn sicr, buasai prior Ystrad Fflur wrth y llyw am sawl wythnos bob blwyddyn os oedd yr abad yn bodloni ei ddyletswyddau disgwyliedig o ymweliad blynyddol â'r Cabidwl Cyffredinol yn Cîteaux ac ymweliad blynyddol â changhennau Llantarnam ac Aberconwy. Yn y côr safai'r prior gyferbyn â'r abad, yn y lle cyntaf (tua'r gorllewin) ar yr ochr chwith. Ei dasg ef oedd seinio'r gong i alw'r mynachod i'w gwaith a llywyddu prydau bwyd.

Byddai'r selerydd yn gofalu am gyflenwadau'r fynachlog, gan wneud yn siŵr bod digonedd o bopeth yr oedd ei angen ar gyfer bywyd ac addoli. Efallai am ei fod yn gyfrifol am gyflenwadau, dywedodd Rheol Sant Bened y dylai'r selerydd fod yn bwyllog ac aeddfed ond hefyd 'heb fod yn fwytäwr mawr'. Byddai'n helpu i baratoi bwyd yn y gegin ac yn ei oruchwylio'n cael ei rannu i bowlenni unigol. Adeg cinio a swper, byddai'n gwneud taith i archwilio'r ffreutur i sicrhau nad oedd dim yr oedd ei angen ar y mynachod ar goll. Casglai unrhyw fwyd dros ben, a fyddai naill ai'n cael ei gadw i'w weini eto, neu ei roi o'r neilltu ar gyfer y tlodion. Roedd yr angen i gyfathrebu â'r rhai o'r tu allan i'r fynachlog – rhai'n dod â nwyddau a gwasanaethau angenrheidiol – yn golygu bod gan y selerydd swyddfa yn aml yn y rhes orllewinol, fel y gwelir yn Abaty Tyndyrn yn ne Cymru ac abaty Fountains yn Swydd Efrog.

Ffig. 44:
Uchod: rhes orllewinol adeiladau cloestrol abaty Fountains gyda'r eglwys i'r chwith (i'r gogledd). Roedd hundy'r brodyr lleyg ar y llawr cyntaf gyda mynediad trwy risiau dydd allanol i'w weld i'r dde o'r canol; roedd swyddfa'r selerydd ar y llawr gwaelod o dan y grisiau. Isod: y tu mewn i grypt cromennog y rhes orllewinol, sef stordy mawr yr abaty a weithredid gan y selerydd.

Y sacristan fyddai'n gofalu am bopeth yr oedd ei angen ar gyfer yr eglwys a'i gwasanaethau: canhwyllau, olew, llestri litwrgaidd ar gyfer offeren, ac urddwisgoedd. Gellid cadw'r rhain mewn ystafell fechan, neu festri, wrth ymyl yr eglwys yn y rhes ddwyreiniol, lle byddent yn hawdd eu cyrraedd. O fewn yr eglwys o hyd, gwnâi'r codwr canu (cantor) yn siŵr bod y llyfrau litwrgaidd mewn cyflwr da. Arweiniai'r llafarganu yn ystod gwasanaethau'r eglwys a gofalai fod yr holl fynachod yn cadw'n effro ac yn perfformio'r gwasanaethau'n dda.

Yn ogystal â'r selerydd, dau swyddog arall oedd y rhyngwyneb rhwng y fynachlog a'r byd y tu allan. Roedd y porthor, neu geidwad y porth, yn ôl Rheol Sant Bened, i fod yn ddyn doeth ac oedrannus, a wyddai sut i fynd â neges a'i derbyn, ac na fyddai, mewn man trothwyol, yn cael ei demtio i ddychwelyd i'r byd tu allan. Gellir gweld enghreifftiau da o borthdy deulawr, sef man y porthor, yn Cleeve (Gwlad yr Haf), Stoneleigh (Swydd Warwick) a Kingswood (Swydd Gaerloyw).

Ffig. 45:
Adluniad o'r porthdy a gloddiwyd yn Ystrad Fflur yn ei ffurf ganoloesol ddiweddarach, strwythur deulawr gyda chapel ar y llawr cyntaf, efallai. Mae'n bosibl y bu'r adeilad i'r dde yn gartref i drysorlys yr abaty (daethpwyd o hyd i nifer fawr o ddarnau arian yma wrth gloddio), ac efallai'r carchar, y mae tystiolaeth ddogfennol ar ei gyfer.

Ar ôl i'r porthor groesawu gwesteion, byddai'n eu trosglwyddo i'r meistr gwesteion, a oedd – fel yr awgryma ei enw – yn gyfrifol am bopeth a berthynai i'r gwesty. Bydd mwy yn cael ei ddweud am westeion isod.

Y Rhai Sâl ac ar Farw

Yn dilyn rheol Sant Bened, gwnaed darpariaeth ar gyfer mynachod sâl ac oedrannus. Cydnabuwyd y gallai oedran a llesgedd olygu na fyddent yn gallu cyflawni eu holl rwymedigaethau mynachaidd, a bod angen maddau rhai pethau iddynt.

Y Clafdy

Ffig. 46:
Llun o'r awyr o Abaty Fountains o'r gorllewin. Gellir gweld adfeilion bloc y clafdy i'r dwyrain o'r prif adeiladau, wrth ymyl Afon Skell.

Darperid ystafell arbennig a chynorthwyydd (a elwid yn ddiweddarach yn glafdy neu ysbyty ac ysbytÿwr). Pe teimlid y byddai cig o fudd i'r cleifion i'w cadw'n gryf, caniateid iddynt gael ychydig, a chaniateid baddonau yn amlach nag i aelodau eraill o'r gymuned. Byddai'r gwaith a neilltuwyd iddynt yn ysgafn a heb fod yn fwrn arnynt. Efallai y byddent yn cael eu hesgusodi rhag mynychu'r holl wasanaethau yn yr eglwys ac yn cael caniatâd i ddweud y gwasanaeth nos yn y clafdy. Pe byddent yn teimlo'n ddigon iach, gallent fynd i'r eglwys lle byddent yn aros yn y gofod i'r gorllewin o'r sgrin a oedd yn nodi cefn côr y mynachod. Byddai'r rhai a fyddai'n ei chael yn anodd penlinio yn cael eistedd.

Pan gyflwynai mynach ei hun i'r ysbytÿwr, casglai hwnnw ei ddillad gwely a'i jwg o'r hundy a, bryd hynny, byddai'n cael siarad ag ef a chanfod ei anghenion. Byddai angen i'r ysbytÿwr wybod yr holl reoliadau ynglŷn â phryd (os o gwbl) y byddai disgwyl i fynach sâl fynychu gwasanaethau a pha fwyd ychwanegol y byddai'n ei gael. Byddai'n dod â llyfrau o'r eglwys i'r rhai nad oeddent yn abl i fynd i'r gwasanaethau ac yn eu dychwelyd wedi hynny. Sicrhâi fod tawelwch ar yr adegau gosodedig a byddai'n goruchwylio'r prydau bwyd a fyddai wedi eu paratoi yng nghegin y clafdy. Byddai'n casglu perlysiau o ardd y clafdy ar gyfer iacháu, ac ef hefyd oedd yn gyfrifol am ollwng gwaed yn rheolaidd (oni bai bod rhywun y gallai ddirprwyo'r dasg hon iddo).

Ffig. 47:
Adluniad rhandoredig gan Terry Ball o Neuadd y Clafdy yn Abaty Tyndyrn fel y buasai'n ymddangos efallai tua diwedd y drydedd ganrif ar ddeg.

Credid bod gollwng gwaed yn fuddiol i iechyd. Byddai mynachod Sistersaidd yn cael eu gwaedu bedair gwaith y flwyddyn. Byddai rhai adegau ac achlysuron yn cael eu hosgoi, ac awgrymai'r *Ecclesiastica officia* mai'r amseroedd priodol oedd mis Chwefror, mis Ebrill, a mis Medi, gyda phedwaredd sesiwn waedu tua gŵyl Sant Ioan Fedyddiwr (24 Mehefin). Wrth baratoi byddai tân yn cael ei gynnau yn yr ystafell gynhesu (i'r dwyrain o'r ffreutur fel arfer) ac yno câi'r mynachod eu gwaedu fesul un mewn grwpiau. Ar ôl hynny, yn ystod y cyfnodau y dylent fod wedi bod yn darllen neu'n gweithio byddent yn cael mynd i'r hundy a gorffwys ar eu gwelyau. Byddent yn cael eistedd yn y côr ac yn cael bwyd ychwanegol i gryfhau eto.

Bodau dynol oedd mynachod, wedi'r cyfan, a byddai'n rhaid i'r ysbytywr gadw llygad barcud am frodyr a allai ffugio salwch i ddianc rhag y drefn lem a mwynhau awyrgylch gymharol hamddenol y clafdy am ychydig. Rhybuddiodd Sant Bernard am y mynachod hynny a oedd – er mwyn rhoi coel ar eu honiadau o wendid – yn cario ffon gerdded.

Marwolaeth

Roedd defod ynghylch marwolaeth mynach a oedd yn caniatáu i aelodau'r gymuned fod yn bresenoldeb calonogol yn ystod oriau a munudau olaf un o'u plith. Byddai'r mynachod i gyd yn bresennol pan gâi ddefodau olaf eneiniad (eneinio ag olew), cyffes, a maddeuant, cyn ei adael yng ngofal yr ysbytywr a ddechreuai, wrth i angau agosáu, baratoadau ar gyfer ei ymadawiad a'i gladdu. Byddai'r mynach oedd ar farw yn cael ei osod ar sach fatres y taenid lludw mewn siâp croes oddi tani. Yn y cloestr byddai gong bren yn cael ei tharo'n gyflym, a chloch yr eglwys yn cael ei chanu bedair gwaith. Cyn gynted ag y gallent, gwnâi'r brodyr eu ffordd i'w bresenoldeb. Wrth iddynt ymgasglu, dywedent y litani (math o weddi yn galw am gymorth y seintiau), ac – os byddai'n dal yn fyw – y saith salm edifeiriol. Adeg y farwolaeth byddent yn cilio eto.

Pan fyddai'r brawd wedi marw, dywedid mwy o weddïau, a chymerid y corff ymaith i'w olchi. Ymgasglai'r brodyr yn yr un drefn ag yr oeddent yn eistedd yn y côr a dywedid rhagor o weddïau, wrth ddod â'r corff i mewn a'i ysgeintio â dŵr sanctaidd a'i arogldarthu. Yna byddai'r mynachod yn hebrwng y corff mewn gorymdaith i'r eglwys, lle câi ei osod yn y côr. Byddai'n rhaid cynnal rhai o'r gwasanaethau arferol, ond gwnâi'r abad yn siŵr na fyddai'r corff byth yn cael ei adael ar ei ben ei hun. Nid yw'r *Ecclesiastica officia* yn rhoi dim rheswm dros y manylyn hwn, ond mae'n debyg ei fod i sicrhau y cynhelid gweddïau parhaus dros enaid yr ymadawedig ym mhresenoldeb ei gorff.

Pennwyd amseroedd gosodedig ar gyfer offerennau anglad a'r claddu, gan ddibynnu ar adeg y flwyddyn, a dilynwyd defodau manwl. Yn aml, roedd y fynwent neu'r man claddu mynachaidd i'r gogledd o'r eglwys, ond yn achos Ystrad Fflur roedd yn yr ongl rhwng croesfa'r de a'r seintwar, ym mhen dwyreiniol yr eglwys.

Ffig. 48: Llechfeini gorweddol, rhai hefyd â cherrig beddi cerfiedig yn defnyddio motiffau celf Geltaidd, a ganfuwyd yn y man claddu mynachaidd yn Ystrad Fflur. Ymddengys bod y rhain yn gorchuddio claddiadau pwysig, wedi'u trosglwyddo o safle cynharach yr abaty yn Henfynachlog. Mae'n debyg eu bod yn cynnwys bedd Cadell, brawd noddwr mawr Ystrad Fflur, yr Arglwydd Rhys o'r Deheubarth.

Yn aml byddai abadau'n cael eu claddu yn y cabidyldy, lle'r oeddent yn parhau fel ffigurau awdurdod, modelau ymddygiad i'w holynwyr, ac yn rhan o'r cof cymunedol. Tua diwedd yr Oesoedd Canol, mae'n debyg y symudwyd tuag at gladdu abadau yn yr eglwys. Nid oedd hyn yn unigryw i'r Sistersiaid, ac yn wir mae'n debyg bod y Benedictiaid wedi dechrau'r duedd hon rywfaint yn gynharach na'r Mynachod Gwyn. Efallai y bu mwy nag un rheswm dros y newid arfer hwn. Efallai fod y cabidyldy wedi mynd yn llawn, heb ddigon o le i ragor o gladdedigaethau, ond mae'n annhebygol mai hwn oedd yr unig esboniad. Efallai fod claddu o fewn yr eglwys wedi cael ei ffafrio am mai dyma lle'r oedd litwrgi a gweddïau'n cael eu hailadrodd yn gyson ar gyfer yr ymadawedig. Yn ogystal, erbyn yr Oesoedd Canol diweddar mae'n debyg y cyrchwyd yr eglwys yn fwy gan bobl leyg a buasai beddrodau abadau'n fwy gweladwy yno nag yn y cabidyldy.

'Brodyr Lleyg Barfog': y *Conversi*

O fewn y byd Sistersaidd cafodd y gair Lladin *conversus* ystyr newydd. Yn wreiddiol, dynodai oedolyn wedi'i recriwtio i'r bywyd mynachaidd, ond o dan y Mynachod Gwyn daeth i olygu un a ymunodd â'r fynachlog nid fel mynach ond fel brawd lleyg, gweithiwr, yn arbennig un a oedd â swyddogaeth wrth ddatblygu ystâd y fynachlog. Er mwyn eu cynnal eu hunain yn eu bywyd o weddïo ac addoli, roedd angen tiroedd ar y mynachod a fyddai'n esgor ar gynnyrch, ac roedd angen ffermio a goruchwylio'r tiroedd hynny. Ac amser yn brin ar gyfer gwaith llaw, a'r mynachod yn amharod i adael y cloestr, daeth y Sistersiaid o hyd i ateb: y brodyr lleyg. Yn wahanol i fynachlogydd traddodiadol a oedd yn dibynnu ar wasanaethau llafur gwerinwyr a defnyddio gweision, ymgorfforodd y Sistersiaid eu gweithwyr ym myd eu mynachlogydd a chynnig y cyfle i eraill gymryd rhan yn y bywyd mynachaidd. Nid hwy oedd y cyntaf i recriwtio brodyr lleyg: mae'n debyg bod yr arloesi hwn yn perthyn i urdd fynachaidd newydd arall o'r unfed ganrif ar ddeg, sef Vallombrosa. Y Sistersiaid, fodd bynnag, oedd y cyntaf i fanteisio i'r eithaf ar y posibiliadau a gynigiwyd gan y dosbarth newydd hwn o fewn y fynachlog.

Cymerai'r brodyr lleyg ddiofrydau tebyg i rai mynachod: byddent yn ymrwymo i'r bywyd sengl, ac i dreulio gweddill eu hoes yn gwasanaethu'r fynachlog. Ar ben hynny, ni châi *conversus* newid ei alwedigaeth a dod yn fynach. Cymerai ran mewn rhai dyletswyddau litwrgaidd, ond dim ond tair gweddi y byddai'n rhaid iddo eu dysgu ar ei gof – Gweddi'r Arglwydd, y Credo (datganiad o gred Gristnogol), a *Miserere mei,*

Ffig. 49:
Dwdl o'r drydedd ganrif ar ddeg o frawd lleyg: Y Llyfrgell Brydeinig MS Additional 48978, f. 41v

Deus ('Byddwch drugarog i mi, o Dduw', Salm 51), ond ei brif dasg fyddai gwaith. Byddai'n wahanol i'r mynach oherwydd ei farf (ac nid tonsur) ac ni wisgai abid. Byddai ei ddillad yn cynnwys crwyn garw, tiwnig, sandalau neu esgidiau ar ei draed, a chwfl yn gorchuddio ei ysgwyddau a'i frest yn unig. Dim ond y gofaint yn eu plith a gâi wisgo smoc, a rhaid bod honno'n ddu.

Byddai rhai brodyr lleyg yn dod o blith y dosbarthiadau bonheddig, ond daeth y rhain yn eithriad – yn wir ym 1188 gorchmynnodd y Cabidwl Cyffredinol y byddai unrhyw uchelwr oedd am ymuno â thŷ Sistersaidd yn fynach, nid brawd lleyg, ond mae tystiolaeth nad oedd y gwaharddiad ar *conversi* bonheddig bob amser yn effeithiol. Fodd bynnag, buasai'r rhan fwyaf yn dod o'r werin, weithiau o'r ystadau a roddwyd i'r abatai Sistersaidd, ond nid oedd dod yn frawd lleyg yn ddewis gwael o ran ffordd o fyw: cynigiai abatai a maenorau Sistersaidd (canolfannau amaethyddiaeth, cynhyrchu, a diwydiant) amgylchedd diogel i weithio ynddo, a siawns o iachawdwriaeth. Ar adegau o dwf yn y boblogaeth a phwysau ar dir (fel y ddeuddegfed ganrif) gallai fod yn opsiwn mwy deniadol byth.

Nid fyddai'r *conversi* yn bresennol yn yr holl oriau canonaidd, ond ar gyfer y gwasanaethau hynny yr oedd gofyn iddynt fod yno byddent yn cael lle yng nghorff yr eglwys. Safai sgrin â chrog (croeshoeliad) ar ei phen rhyngddynt hwy a'r ôl-allor (gweler uchod). Yn Rievaulx dywedwyd bod y *conversi* ar ddyddiau gŵyl wedi'u pacio i mewn fel gwenyn mewn cwch. Pan fyddai'r brodyr lleyg allan yn gweithio yn y caeau neu'r gweithdai byddent yn adrodd – ar yr awr briodol – yr ychydig weddïau yr oedd disgwyl iddynt eu gwybod ar eu cof. Ar ddyddiau gŵyl byddai gofyn iddynt fynychu'r holl wasanaethau a chadw distawrwydd.

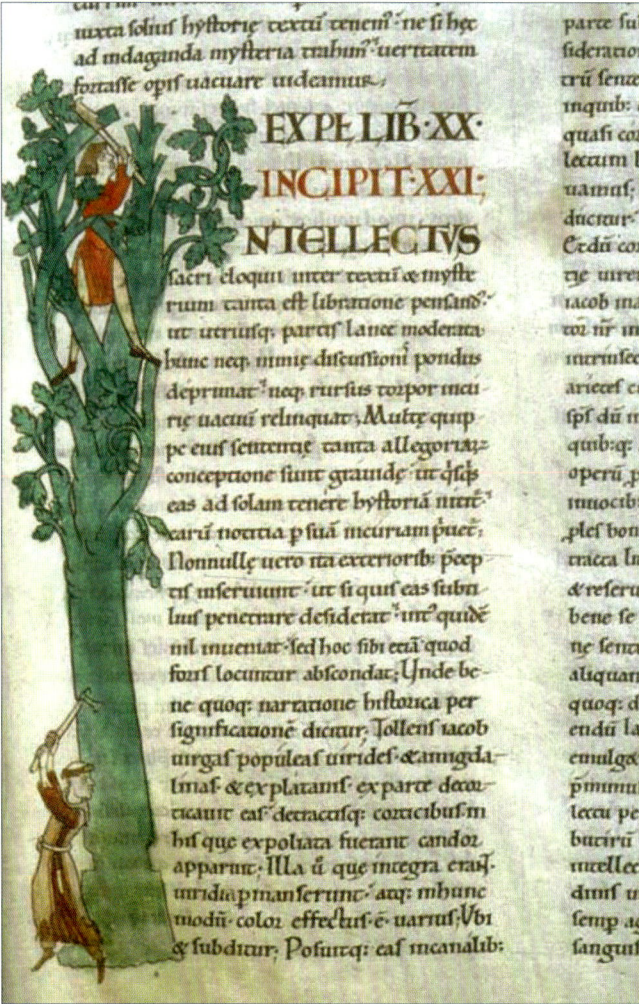

Fig. 50:
Mynach a ffigwr arall (gweithiwr lleyg, *conversus*, neu nofis efallai) yn cwympo a thocio coeden. Dijon, Bibliothèque Municipale MS 173, f. 41r.

Byddent yn gwneud pob math o waith, ac amlinellir rhai o'u tasgau yn yr *Usus conversorum* ('Arferion y Brodyr Lleyg') y mae'n debyg i'r fersiwn cynharaf ohono gael ei lunio yn ystod yr ugain mlynedd gyntaf o fodolaeth yr Urdd. Byddai rhai yn gweithio ar diroedd yr abaty, yn rheoli'r ystadau, yn gofalu am anifeiliaid, yn cneifio defaid, ac yn pacio gwlân. Byddai eraill wrthi'n gwneud gweithgareddau diwydiannol, fel gofaint a barceriaid, cryddion, gwehyddion, a melinwyr. Byddent yn cynnal materion busnes y fynachlog, gan ganiatáu i'r mynachod ganolbwyntio ar eu rhwymedigaethau litwrgaidd heb orfod teithio i'r marchnadoedd a'r canolfannau trefol yr allforiwyd eu gwlân ohonynt. Yn Ystrad Fflur mae'n bosibl eu bod wedi goruchwylio'r maglau pysgod yn Aber-arth, neu'r gwaith o ddanfon y gwlân a allforiwyd gan y mynachod i Fflandrys erbyn dechrau'r drydedd ganrif ar ddeg.

Ffig. 51:
Chwith: golygfa o'r awyr o'r maglau pysgod yn Aber-arth, eiddo Ystrad Fflur gynt, gyda'r ardal amgaeedig, rhwng y lefelau penllanw a distyll, wedi'i hamlygu'n felyn (Toby Driver, RCAHMW). De: strwythur y fagl bysgod sydd wedi goroesi a welir adeg ddistyll.

Byddai rhai o'r brodyr lleyg yn treulio llawer o'u hamser ar faenorau'r abaty a chanolfannau demên cyfagos, gan ddychwelyd i'r abaty adeg gwyliau pwysig yn unig. O fewn y cloestr byddai gan y brodyr lleyg eu lle eu hunain. Byddent yn cysgu yn y rhes orllewinol, yn gyfochrog â hundy'r mynachod yn y dwyrain, ac roedd eu ffreutur ym mhen deheuol y rhes orllewinol, lle roeddent yn rhannu cegin gyda'r mynachod. Fel mynachod roedd rhaid iddynt weithio mewn tawelwch, a hefyd ymatal rhag siarad yn eu hundy a'u ffreutur.

Bwriadwyd i'r berthynas rhwng mynachod a brodyr lleyg fod yn un o gydraddoldeb – 'cyfartal mewn bywyd ac mewn marwolaeth' – ond yn raddol fe ddaeth rhaniad, a'r *conversi* yn cael eu trin yn israddol. Erbyn diwedd y ddeuddegfed ganrif ceir arwydd o ddrwgdeimlad mewn gwrthryfeloedd gan frodyr lleyg mewn sawl ardal gan gynnwys Cymru. Ym 1190 clywodd y Cabidwl Cyffredinol gwynion am *conversi* o Abaty Margam yn yfed gormodedd o gwrw, a hwythau wedi manteisio mae'n debyg ar fod i ffwrdd o'r abaty ar ei faenorau i ymbleseru'n ormodol. Ym 1195 dygodd y *conversi* o Abaty Cwm-hir geffylau'r abad pan geisiodd eu hatal rhag yfed. Gorchmynnwyd iddynt fynd i Clairvaux – ar droed! – i wneud penyd, a'r ddedfryd yn cael ei chyfleu gan abad Ystrad Fflur. Ni wyddom a gyraeddasant, na hyd yn oed a roesant gynnig arni. Yn yr un modd, ni wyddom natur y 'gormodedd' ymhlith brodyr lleyg Ystrad Fflur y gorchmynnwyd i abad mam-dŷ Hendy-gwyn ar Daf ymchwilio iddo ym 1196. Un arwydd arall o'r gwahaniad cynyddol yw presenoldeb lôn, neu dramwyfa, mewn rhai mynachlogydd, rhwng y rhes orllewinol a chefn llwybr y cloestr. Er bod ei swyddogaeth yn destun dadl, un o'r effeithiau oedd gwahaniad mwy ffurfiol rhwng y ddau grŵp. Mae enghreifftiau da i'w gweld yn Byland yn Swydd Efrog a Chastell-nedd yn ne Cymru.

Nid yw maint cymharol poblogaethau mynachod a brodyr lleyg yn cael ei gofnodi'n aml ac mae'n rhaid bod llawer iawn o amrywiaeth wedi bod dros amser a lle. Yn Rievaulx ar ddiwedd y 1160au roedd tair gwaith cynifer o *conversi* â mynachod, ond cipluniau yn unig yw gwybodaeth o'r fath. O fewn pedair blynedd i sefydlu Ystrad Fflur cofnodwyd bod yno ddeg ar hugain o fynachod a deugain o'r *conversi*. Mewn rhai tai byddai poblogaeth y brodyr lleyg yn eithaf bach, ac efallai fod eu rolau ar faenorau yn llai amaethyddol a mwy rheolaethol, gan ddibynnu ar lafur cyflogedig a rhenti tenantiaid. Yn sicr, daeth y Pla Du yn 1348 a 1349 â newid sylfaenol i ddosbarth a oedd eisoes, mae'n debyg, ar drai. Ni wyddom beth oedd y gyfradd marwolaethau yn abatai Cymru, ond ym Meaux yn Swydd Efrog nid oedd yr un *conversus* yn fyw ar ôl y pla. Canfu llawer o abatai fod y rhai a oroesodd yn gwneud yn well o dan gyflogwyr lleyg a bu'n rhaid iddynt ailfeddwl eu trefn economaidd.

Mae pwnc y *conversi* yn dangos bod y bywyd mynachaidd wedi newid a datblygu mewn ymateb i ffactorau allanol: rhai economaidd, cymdeithasol, a diwylliannol. Mae'n bwysig cofio, felly, eu bod yn elfen hollbwysig yn nhwf a llwyddiant yr Urdd Sistersaidd. Roedd ganddynt swyddi cyfrifol o fewn yr hierarchaeth fynachaidd ac roeddent yn rhyngwynebau pwysig â'r byd y tu hwnt i'r cloestr. Mae hanesion rhybuddiol Sistersaidd yn canmol defosiwn ac ysbrydolrwydd *conversi* da fel y gwnânt am fynachod da, ac i'r un graddau maent yn amlygu beiau'r rhai a fethodd y nod. Byddai *conversi* yn cadw cwmni i abadau ar y ffyrdd hir a pheryglus yn aml i Cîteaux, ac nid oedd ofn ar abadau ystyried *conversi* yn gwnselwyr a chynghorwyr. Ar gyngor brawd lleyg o Fountains o'r enw Sinnulph y daeth marchog o'r enw Ralph Haget yn fynach, gan ddringo'n ddiweddarach i swydd abad. Bu Abad William o Villers yn ymgynghori ag Arnulf y wagenwr a phan ddosbarthai Arnulf gardod i gleientiaid yr abaty, cynigiai gysur ysbrydol yn ogystal â bwyd.

'Gwesteion Sydd Byth yn Brin Mewn Mynachlog'

Roedd y Sistersiaid, wrth ddilyn Rheol Sant Bened, yn cymryd o ddifrif calon eu rhwymedigaeth i ddarparu lletygarwch – yn wir roedd pennod 53 o'r Rheol (y tynnir y dyfyniad hwn ohono) yn eu hatgoffa eu bod i weld Crist ei hun ym mhob gwestai neu ddieithryn a gyrhaeddodd y gât. Roedd mynachlogydd yn lle amlwg i'r teithiwr canoloesol chwilio am letygarwch, a buasai rhai abatai, yn enwedig y rhai â noddwyr pwysig neu'r rheini ar lwybrau mawr (megis abaty Benedictaidd St Albans, a oedd ddiwrnod o farchogaeth i ffwrdd o Lundain ar Ffordd Fawr y Gogledd) yn cael ymweliadau'n amlach nag eraill.

Gallwn ddychmygu pob math o ymwelwyr ag Ystrad Fflur: esgobion, abadau, aelodau o'r elît lleyg, masnachwyr ar y ffordd – rhai ohonynt efallai yn Ystrad Fflur i drafod prynu gwlân – pererinion, a chrwydriaid.

Ffig. 52:
Rhan o gostrel blwm (fflasg fechan yn cynnwys dŵr sanctaidd) a gariwyd gan bererin. Daethpwyd o hyd i hon yn Ystrad Fflur yng nghloddiadau'r porthdy. Mae'r blaen yn cynrychioli cragen cocosen, sef symbol Santiago o Compostela yn wreiddiol ond erbyn diwedd yr Oesoedd Canol fathodyn cyffredinol o bererindod, ac ar y cefn (lluniad yma) gall fod rhyw darian herodrol anadnabyddadwy.

Roedd y rheoliadau Sistersaidd yn darparu ar gyfer pob un ohonynt. Gallwn enwi ambell un. Ym 1188 arhosodd Archesgob Baldwin o Gaergaint a Gerallt Gymro, archddiacon Aberhonddu a fynnai fod yn esgob Tyddewi (yn wir, a fynnai fod yn archesgob) yn yr abaty wrth iddynt deithio trwy Gymru yn pregethu'r Drydedd Groesgad. Ym 1238 ymgasglodd Llywelyn ab Iorwerth o Wynedd, yng nghwmni ei fab iau Dafydd ap Llywelyn yn ddiau, ac elît cymdeithas wleidyddol Cymru i glywed arweinwyr Cymru'n cytuno i gefnogi cynllun Llywelyn i gael ei olynu wedi ei farwolaeth gan Dafydd yn unig. Roedd hyn yn her i arferiad y Cymry o rannu tiriogaethau ymhlith faint bynnag o feibion a oedd gan ddyn, ac roedd yn ddoeth i Lywelyn drefnu'r sioe wleidyddol fawr hon, er i'w gynllun fynd ar chwâl wedi iddo farw.

O'r bedwaredd ganrif ar ddeg tan ddiwedd oes y mynachlogydd, byddai beirdd Cymru yn cael eu croesawu'n aml mewn tai Sistersaidd gan ganmol lletygarwch hael yr abadau. Credir i'r bardd Dafydd ap Gwilym gael ei gladdu yn Ystrad Fflur tua chanol y bedwaredd ganrif ar ddeg. Yn y 1430au canodd Guto'r Glyn glodydd yr Abad Rhys, ac yn ddiweddarach yn y bymthegfed ganrif bu Dafydd Nanmor yn dathlu adferiad eglwys yr abaty dan law'r Abad Morgan.

Fig. 53:
Marwolaeth Llywelyn ab Iorwerth, tywysog Gwynedd, a fu'n gefnogwr mawr i Ystrad Fflur, ym 1240, fel y'i darlunnir yng nghroniclau Matthew Paris, tua 1259. Mae yng nghwmni ei ddau fab, Gruffudd a Dafydd. Caergrawnt, Coleg Corpus Christi, MS 16 (Matthew Paris, *Chronica Majora*), f. 132r.

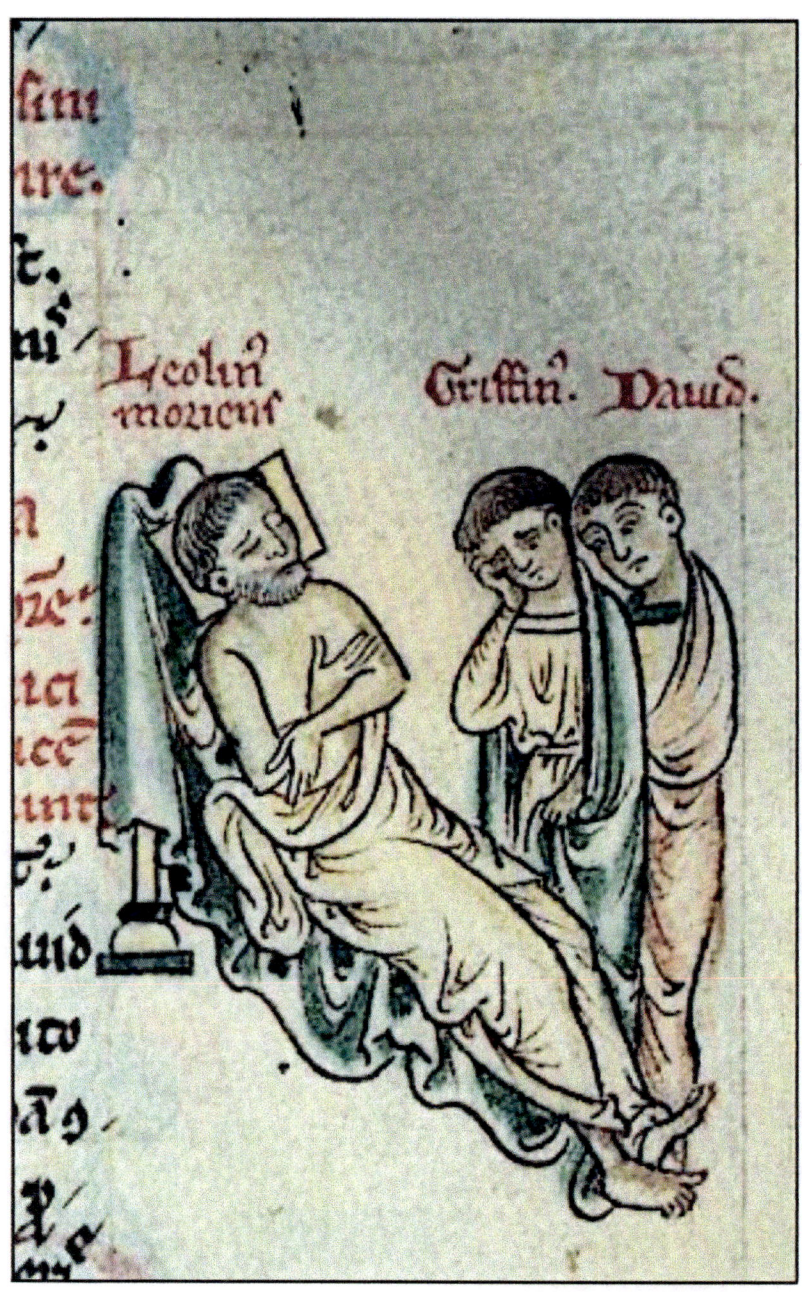

Fel pob rhan arall o fywyd y Sistersiaid, câi'r broses o dderbyn gwesteion ei rheoleiddio'n llym, waeth pa mor wych neu isel yr oeddent. Cyfarchai'r porthor newydd-ddyfodiaid â geiriau defodol a'u gwahodd i mewn. Fel y gwelsom, dywedai'r Rheol fod y porthor i fod yn hen fynach y gellid ymddiried ynddo i roi a derbyn negeseuon ac a fyddai'n llai tebygol o gael ei ddenu i ffwrdd o'i swydd drwy gysylltiad â'r byd y tu allan. Yn ôl y rheolau Sistersaidd, nid oedd y porthor i dderbyn merched i'r fynachlog – ond yn aml byddai pwysau gan yr elît lleol iddo wneud hynny.

Wedi cyfarch y gwestai, byddai'r porthor yn gofyn iddo aros yn y porthdy ac yna'n chwilio am yr abad (neu'r prior pe bai'r abad yn absennol), i'w hysbysu am ddyfodiad yr ymwelydd. Yna dywedai'r abad (neu'r prior) wrth un o'r mynachod a ddynodwyd i groesawu gwesteion am wneud ei ffordd i'r gwesty i wneud hynny. Byddai'r mynach yn ymgrymu gerbron y newydd-ddyfodiaid, yn ysgeintio dŵr sanctaidd drostynt, ac yn eu harwain i'r eglwys i weddïo. Ar ôl i'r ymwelwyr orffen eu gweddïau, byddent yn cael eu harwain i'r gwesty lle byddai'r meistr gwesteion yn gofalu am eu hanghenion.

Ffig. 54:
Adluniad o'r gwesty o'r bymthegfed ganrif a gloddiwyd yn Abaty Kirkstall, Leeds, Gorllewin Swydd Efrog.

Byddai mwy nag un gwesty weithiau. Roedd gan Abaty Fountains neuadd i ymwelwyr o reng is a dwy neuadd i bwysigion. Mae'n debyg bod dwy neuadd yn Ystrad Fflur, gan fod Gerallt Gymro wedi achwyn am iddo gael ei letya gyda'r gwesteion cyffredin yn hytrach na'r pwysigion. Ym Melrose yn yr Alban roedd pedair neuadd. Byddai'r gwestai yn aml i'r gorllewin o'r rhes gloestrol, ger y porthdy, sef pen mwy 'cyhoeddus' y caeadle. Yno fel arfer y byddai'r *capella ante portas* neu gapel o flaen y pyrth, lle gallai ymwelwyr fynychu gwasanaethau. Ym Merevale (Swydd Warwick) capel y porth yw eglwys y plwyf erbyn hyn. Byddai abadau a chlerigwyr uchel eu statws ar ymweliad yn aros yn llety'r abad ei hun, a fyddai, i'r gwrthwyneb, fel arfer i'r dwyrain o'r cloestr, ger y clafdy. Yn ddiweddarach yn yr Oesoedd Canol gallai abadau wedi ymddeol adeiladu eu tai eu hunain yn yr ardal honno – neu gael tai wedi eu hadeiladu ar eu cyfer yn wobr am eu gwasanaethau neu hyd yn oed yn gymhelliad i ymddeol.

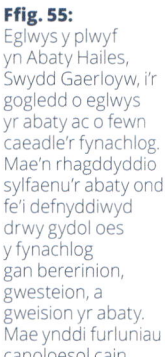

Ffig. 55:
Eglwys y plwyf yn Abaty Hailes, Swydd Gaerloyw, i'r gogledd o eglwys yr abaty ac o fewn caeadle'r fynachlog. Mae'n rhagddyddio sylfaenu'r abaty ond fe'i defnyddiwyd drwy gydol oes y fynachlog gan bererinion, gwesteion, a gweision yr abaty. Mae ynddi furluniau canoloesol cain.

Gallai darparu bwyd a diod i westeion a'u gosgorddion, a stabl i'w ceffylau, osod baich ariannol ar fynachlogydd, a fyddai wedyn yn ceisio caniatâd i hepgor lletygarwch, er gwaethaf pwysigrwydd y ddyletswydd hon a oedd bron yn sanctaidd. Ym 1258 esgusodwyd Ystrad Fflur am dair blynedd.

Roedd gan y porthor ddyletswyddau eraill. Câi gan y selerydd unrhyw fwyd dros ben o'r ffreutur a byddai'n ei ddosbarthu i'r tlodion a gasglai'n rheolaidd wrth borth yr abaty. Ystyriai Gerallt Gymro mai Abaty Margam oedd yr haelaf o'r holl dai Sistersaidd yng Nghymru, am ei fod yn cynnig cymorth i anghenus yr ardal yn ogystal â'r rhai a oedd yn teithio trwodd. Yn hanes ei daith trwy Gymru ym 1188 cofnododd fod y mynachod, yn ystod newyn diweddar, pan gasglodd tyrfa fawr o dlodion wrth borth y fynachlog, wedi anfon cwch i Fryste i brynu digon o ŷd i fwydo'r rhai mewn angen. Methodd y cwch â dychwelyd ond gwobrwywyd tosturi'r mynachod pan ddarganfuwyd cae ger y fynachlog, yr eiliad y daeth eu cyflenwadau eu hunain i ben, a'r cyfan yn barod i'w fedi.

Ym 1194 ymatebodd mynachod Abaty Fountains mewn modd tebyg trwy ddarparu bwyd, lloches, a gofal meddygol ac ysbrydol i'r tlodion wrth eu clwydi. Gallai cymwynaswyr roi tir neu renti yn benodol i ariannu gofal o'r fath, a nododd un dyn ei fod yn dymuno talu costau'r mynachod yn darparu gorchuddion pen i'r rhai wedi eu heintio â llau pen.

'Gwesteion sy'n Marw yn y Fynachlog'

Mewn ymdrech i gadw'r byd draw byddai'r Sistersiaid i ddechrau'n cyfyngu ar y nifer o leygwyr a gâi eu claddu yn y fynachlog. Roedd y rhain yn cynnwys aelodau eu *familiares* eu hunain (gweithwyr cyflogedig a gweision) a'u perthnasau, a'r rheini a fyddai, fel gwesteion, yn marw o fewn y fynachlog. Yn hyn o beth roeddent yn wahanol i'r Benedictiaid. Adeg marwolaeth gwestai, y prior a mynach y gwesty a fyddai'n gyfrifol am drefnu'r claddu. Byddai hyn yn cael ei wneud yn dawel ac yn sensitif, ac ni châi'r corff ei adael byth ar ei ben ei hun na heb olau nes i'r amser ddod i'w gladdu. Cymerid yr ymadawedig i mewn i'r eglwys lle cynhelid offeren angladdol. Byddai cloch yn cael ei chanu, a'r gymuned yn casglu o amgylch y corff – ond nid pe byddai'r claddu'n digwydd yn ystod amser gwaith. Os felly, ni fyddai'n rhaid i'r gymuned fod yn bresennol. Byddai'r gwesteion yn cael eu claddu y tu allan i'r eglwys, yn ôl pob tebyg yng nghyffiniau'r capel i'r gogledd o eglwys yr abaty: hyd yn oed mewn marwolaeth, byddai mynachod a lleygwyr yn cael eu cadw ar wahân.

Ffig. 56: Braidd yn anarferol ar gyfer abaty Sistersaidd, roedd caeadle Ystrad Fflur yn ymgorffori capel i'r gogledd o'r eglwys a ddarparwyd ar draul yr abad a'r cwfaint. Byddai hwn yn cael ei ddefnyddio ar gyfer addoliad seciwlar gan bobl y fro. Roedd hyn yn cynnwys claddu ac mae'n dal i gynnwys hynny heddiw fel y gwelir ar y ffotograff drôn fertigol hwn. Efallai fod y trefniant anarferol hwn wedi digwydd am fod yr abaty, ym 1184, wedi ei leoli ar safle Cristnogol cyn-Normanaidd, a hwnnw hefyd efallai'n fath o fynachlog. Yn ystod y bedwaredd ganrif ar bymtheg, daethpwyd o hyd i garreg gerfiedig o'r nawfed ganrif ychydig i'r dwyrain o'r capel, ac mae'n debygol iawn y byddai gwesteion a fu farw wrth ymweld â'r Ystrad Fflur Sistersaidd yn cael eu claddu yn y fynwent honno.

Fodd bynnag, roedd cyfyngu claddedigaeth leyg i westeion yn unig yn rheol anodd ei chadw. Roedd claddedigaeth o fewn mynachlog yn werthfawr iawn i leygwyr, yn enwedig y rhai a oedd wedi sefydlu'r tŷ, neu eu disgynyddion a ddaliai i'w noddi. Ymhlith sylfaenwyr abatai Sistersaidd Cymru, claddwyd Llywelyn ab Iorwerth yn Aberconwy, Madog ap Gruffudd yng Nglyn y Groes, ac Owain Cyfeiliog yn Ystrad Marchell. Claddwyd Hywel ab Ieuaf o Arwystli, un o gynghreiriaid yr Arglwydd Rhys, yn Ystrad Fflur ym 1185. Dewisodd yr Arglwydd Rhys ei hun gael ei gladdu yn Nhyddewi, ond claddwyd ei feibion, Gruffudd ap Rhys (1201) a Hywel Sais (1204) yn Ystrad Fflur. Ni wyddys union leoliad eu claddu. Fodd bynnag, yn y cenedlaethau nesaf, claddwyd Rhys ap Gruffudd (m. 1222) a'i frawd Owain (m. 1235) yn y cabidyldy, ac felly hefyd Maelgwn Fychan (m. 1257), ei fab yntau, Rhys ap Maelgwn (m. 1255), a chwaer Rhys, Margaret, gwraig Owain ap Maredudd. Er gwaethaf amharodrwydd y Sistersiaid i ganiatáu merched o fewn eu caeadleoedd, heb sôn am eu claddu, bu i fynachod Ystrad Fflur hefyd gladdu gweddw Gruffudd ap Rhys, Matilda de Braose, ym 1210.

Ffig. 57: Daethpwyd o hyd i lechfaen cerfiedig mawr y tu mewn i gabidyldy Ystrad Fflur yn ystod cloddiadau Stephen Williams ar ddiwedd yr 1880au. O dan y maen hwn, yn ôl disgrifiad Williams, 'mewn bedd bas tua 2 droedfedd o ddyfnder, darganfuwyd pentwr o esgyrn dynol a deuddeg neu dri ar ddeg o benglogau. Roedd y rheini wedi eu gosod yn ofalus wrth ben y bedd, ac roeddent mewn cyflwr eithaf perffaith.' Mae'r disgrifiad hwn yn awgrymu bod y maen yn gorchuddio ail-gladdedigaeth gweddillion tua'r un nifer o aelodau o deulu brenhinol Deheubarth ag y cofnodwyd, yn Brut y Tywysogion, eu bod wedi'u claddu yng nghabidyldy Ystrad Fflur.

Weithiau, gallai rhai a deimlai henaint neu angau'n dynesu ddewis dod â'u hoes i ben mewn tŷ Sistersaidd. Efallai y byddai'r rhai a fu â chysylltiad arbennig o agos yn cael y fraint o farw a'r abid Sistersaidd amdanynt. Gelwid hyn yn 'ad succurrendum' ('yn fodd o iachawdwriaeth'), neu dröedigaeth gwely angau. Dyna ystyr y cofnod yn y Brut sy'n dweud bod Cadell ap Gruffudd wedi marw yn Ystrad Fflur ar ôl cymryd yr abid fynachaidd. Dywed y croniclydd hefyd fod Cadell wedi marw 'ar ôl llesgedd hir' ac efallai mai'r mynachod a ofalodd amdano. Yn yr un modd, mae'r Brut yn nodi bod Gruffudd ap Rhys wedi marw yn Ystrad Fflur ym 1201, wedi iddo gymryd yr abid Sistersaidd, fel y gwnaeth ei frawd Hywel, a deithiodd i'r abaty ar ôl cael ei drywanu gan ddynion ei frawd Maelgwn (1204).

'Pysgodyn Allan o Ddŵr': Mynd y Tu Allan

Hysbys iawn yw sylw Chaucer fod mynach a fentrai y tu allan i'w gloestr fel pysgodyn allan o ddŵr. Yn ôl Rheol Sant Bened roedd mynach a fentrai allan am ba reswm bynnag heb ganiatâd ei abad i gael ei gosbi. Wedi dweud hynny, o bryd i'w gilydd efallai y byddai angen gadael terfynau'r cloestr. Mynnai rheoliadau Sistersaidd, fel y gwelsom, fod abadau yn teithio o leiaf ddwywaith y flwyddyn. Ar achlysuron eraill, llai rheolaidd, gallai fod allan ar hyd y lle, wedi'i ddirprwyo, efallai, gan y Cabidwl Cyffredinol i ymchwilio i anghydfodau ymhlith abatai neu achosion o dorri disgyblaeth. Mae'n bosibl hefyd y byddai abadau'n ymgymryd â chenadaethau diplomyddol, fel y gwnaeth abadau Ystrad Fflur ac Aberconwy ym 1248 pan orchmynnodd Llywelyn ap Gruffudd o Wynedd iddynt drafod gyda'r Brenin Harri III o Loegr ddychwelyd corff ei dad Gruffudd a oedd wedi marw ym 1244 wrth geisio dianc o Dŵr Llundain.

Gallai mynach gael ei anfon allan ar fusnes y fynachlog, efallai i gyflwyno llythyr at esgob neu frenin, i drafod cytundebau masnach, neu ar genhadaeth ddiplomyddol neu i geisio heddwch. Wrth adael ac wrth ddychwelyd câi ei fendithio, er nad oedd hyn yn berthnasol os oedd yn gallu dychwelyd o fewn yr un dydd. Tra byddai'n absennol – boed ar droed neu ar gefn ceffyl – byddai'n adrodd y gwasanaeth (ond pe byddai'n marchogaeth byddai'n dod oddi ar ei geffyl yn gyntaf). Cafodd mynach o Ddinas Basing yng ngogledd Cymru a oedd - am resymau nas cofnodwyd - yn aros yn Merevale (Swydd Warwick) ei ganmol gan yr abad pan adawodd am ei ymddygiad da a'i 'ddulliau crefyddol'. Yn ddiweddarach yn yr Oesoedd Canol roedd mynachod yn cael bod i ffwrdd o'r fynachlog i fynychu'r brifysgol.

Amgylchiadau Anarferol a Ffawd Gyfnewidiol

Mewn llawer ffordd, roedd bywyd o fewn mynachlog Sistersaidd yn ddigyfnewid. Byddai'r litwrgi yn parhau, y naill ddydd ar ôl y llall, er efallai gyda heriau cynyddol pan ddirywiodd nifer y mynachod ac yn enwedig y brodyr lleyg yn yr Oesoedd Canol diweddar. Gostyngodd y recriwtio, wrth i ddynion a allai mewn canrifoedd cynharach fod wedi troi'n fynachod fynd ar drywydd galwedigaethau eraill. Yn ogystal, wrth i adnoddau mynachlogydd leihau, gallai cymuned benderfynu cyfyngu ar recriwtio. Prysurodd y Pla Du y cwymp yn niferoedd y brodyr lleyg a arweiniodd yn aml at ailfeddwl ac ymaddasu mewn arferion economaidd.

O fewn y fynachlog, byddai amser wedi ei neilltuo o hyd o gwmpas y gwasanaethau ar gyfer darllen a gwaith llaw. Fodd bynnag, roedd pwysau allanol, yn aml yn gysylltiedig ag amgylcheddau economaidd, gwleidyddol, a chymdeithasol, yn amharu ar hynny. Dioddefodd abatai yng ngogledd Lloegr yn ystod rhyfeloedd yr Alban yn y bedwaredd ganrif ar ddeg, a chan fod abatai Cymru'n cael eu huniaethu'n aml â buddiannau eu noddwyr (Eingl-Normanaidd, Seisnig, neu Gymreig), gallent fod yn destun ymosodiad yn ystod cyfnodau o densiwn dwysach. Ym 1212 roedd y Brenin John o Loegr yn amau i Ystrad Fflur ymgynghreirio â'i elynion a bygythiodd ei dinistrio. Nid aeth ei ddynion mor bell ag achosi difrod, ond rhoddwyd dirwy fawr yn faich ar yr abaty yr oedd yn dal yn ymdrechu i'w hysgwyddo ddegawdau'n ddiweddarach. Mae'n rhaid bod hyn wedi effeithio'n sylweddol ar gyflwr economaidd yr abaty.

Dioddefodd yr abaty - ynghyd â thai Sistersaidd eraill Cymru - yn ystod ymgyrchoedd Edward I yng Nghymru yn y 1270au a'r 1280au, naill ai drwy eu difrodi neu drwy feddiannu nwyddau ac eiddo. Amheuwyd i'r mynachod gydgynllwynio yng ngwrthryfel Madog ap Llywelyn ym 1294/5 a gorchymynnwyd iddynt dorri'r coed a chlirio'r llwybrau o amgylch yr abaty, a hynny, yn ôl pob tebyg, fel na allent lochesu herwyr a dihirod. Ac yn enwocaf oll, ym 1401/2 ymddengys i'r abad gefnogi gwrthryfel Owain Glyndŵr, ac yn y ddau ddegawd dilynol roedd gwŷr brenin Lloegr yn stablu eu ceffylau yn yr eglwys gan ddwyn ei llestri – ac ni allwn ond dychmygu ceisio bwrw ymlaen â'r gwasanaethau o dan yr amgylchiadau hynny. Yn sgil tlodi a digalondid roedd perygl y byddai'r cwfaint yn cael ei wasgaru, hynny yw, byddai ei fynachod yn cael eu hanfon dros dro i abatai eraill, ac fe'i gosodwyd am ddwy flynedd dan weinyddiaeth Lloegr. Ddeugain mlynedd yn ddiweddarach roedd mynachod Ystrad Fflur yn dal i gwyno am gyflwr adfeiliedig eu mynachlog.

Chwaraeodd damweiniau a thrychinebau naturiol (tân a llifogydd) eu rhan hefyd yn nirywiad y drefn fynachaidd. Yng nghanol y 1280au (rhoddir y dyddiad mewn gwahanol ffynonellau fel 1284 a 1286), gwnaeth tân a ddechreuodd yn ôl pob tebyg yn y clochdy losgi drwy'r eglwys cyn belled â'r seintwar. Rywsut, llwyddodd abadau a mynachod Ystrad Fflur i godi uwchlaw'r dinistr a gafwyd yn sgil rhyfel, gwrthryfel, a thân.

Dechreuodd nifer o abadau nodedig y bymthegfed ganrif ailadeiladu ac adfer, a bu beirdd yn rhyfeddu at y ffenestri gwydr, y cerfiadau cain, a'r clochdy mawr. Nododd Dafydd Nanmor fod enw da Abad Morgan yn ymestyn mor bell â Cîteaux ei hun. I'r mynachod efallai y byddai'r gwaith adeiladu hwn yn un peth arall yn tarfu arnynt, wrth i synau safle adeiladu gymryd lle gweiddi milwyr arfog a gweryru ceffylau.

Un arwydd arall o newid yw ailddefnyddio gwahanol rannau o adeiladau'r fynachlog. Roedd yn beth cyffredin, wrth i ddosbarth y *conversi* ddiflannu, i gyrff eglwysi mynachaidd gael eu haddasu i wneud lle i allorau a chladdedigaethau lleyg, neu hyd yn oed fynd allan o arfer. Mae'n debyg mai gostyngiad yn nifer y mynachod, yn ogystal ag amlygrwydd cymdeithasol yr abad, oedd y rheswm dros ailfodelu hundy'r mynachod yng Nglyn y Groes i wneud lle i siambr abad a llety gwesteion (gweler uchod). Cwtogwyd ar y cabidyldy yn Ystrad Fflur i ddarparu ar gyfer llai o fynachod.

Ffig. 58:
Daeth cloddiadau o'r bedwaredd ganrif ar bymtheg o hyd i lawer iawn o blwm tawdd a oedd wedi diferu i lawr y waliau ac ar arwynebau llawr eglwys yr abaty. Cafwyd hefyd olion helaeth o dân ar weddillion y gwaith maen. Mae'n ansicr i ba un o'r digwyddiadau dinistriol hyn a ddogfennwyd (neu nas dogfennwyd) y gellir priodoli'r rhain.

Daeth y cloestr yn lle mwy hygyrch, gydag arwyddion o westeion neu gorodïyddion yn lletya yno. Roedd corodi yn fath o gynllun ymddeol a wnaed naill ai gan unigolion neu barau (o'r enw corodïyddion), a brynwyd yn aml ganddynt neu a gynigiwyd gan gymuned fynachaidd yn wobr am wasanaeth. Gallai mynachlog ymgymryd â chyflenwi i'r corodïydd neu gorodïyddion symiau penodedig o fwyd, cwrw, neu ddillad, neu annedd ar diroedd mynachaidd neu yn y caeadle. Ym 1521 mae gennym gofnod o John Owain a'i wraig yn byw mewn siambr o'r enw 'The Candlehouse' a oedd wrth ymyl yr eglwys yn Nhyndyrn ac uwchlaw'r 'drws mawr'. Yn Cleeve, dan yr Abad David Juyner (1435–87), ailwampiwyd yr holl res ddeheuol. Cafodd y ffreutur, a oedd ar echelin gogledd-de, ei hailadeiladu er mwyn iddi orwedd dwyrain-gorllewin ac roedd (fel y mae o hyd) yn nodedig am ei tho pren godidog gyda'i gerfiadau angylion. Roedd yn dal i feddiannu'r llawr uchaf, ond roedd y llawr gwaelod yn cynnwys dau lety, a chanddynt ystafell wely, ystafell fyw, a geudy yr un. Cynlluniwyd y rhain ar gyfer corodïyddion, a allai fod wedi talu'n ddrud am eu pecyn ymddeol. Yn Hailes cafodd y clafdy ei isrannu i ddarparu lletty i gorodïyddion.

Mae achos llys yn cynnwys Ystrad Fflur a gafodd ei glywed gan gomisiynwyr y brenin yn yr Amwythig ym 1534, dim ond ychydig flynyddoedd cyn diddymu'r fynachlog, yn darlunio'r newid ffiniau yn y caeadle mynachaidd. Cafwyd adroddiadau gwahanol gan ddau dyst. Honnai Ieuan ab Hywel, gwehydd, ei fod ar y dydd Sadwrn cyn Gŵyl Ifan wedi mynd o dŷ Thomas ap Gwilym yn Ystrad Fflur i siambr mynach o'r enw Richard Smith, o fewn yr abaty, i fynd â mowldiau iddo i fathu grotiau. Daeth y Brawd Richard yn 'goesnoeth' i lety Ieuan (tŷ Thomas ap Gwilym, yn ôl pob tebyg), gan ofyn iddo ddod i glywed offeren, a dweud bod popeth yn barod ar gyfer y drwgfathu. Ni fu'r ymgais yn llwyddiannus ac fe wnaeth y Brawd Richard – wedi pwdu efallai – luchio'r darnau arian a mowldiau diwerth allan o'r ffenestr, lle cawsant eu casglu gan fynach oedd yn mynd heibio. Aeth yntau â nhw at yr abad, a ddaeth ac arestio'r Brawd Richard ac Ieuan ab Hywel. Dywedodd y Brawd Richard stori arall, gan honni iddo fod yn yfed gydag Ieuan yn nhŷ John ap Dyo, o fewn caeadle'r fynachlog. Ar ôl ychydig o botiau o gwrw, setlodd y mynach y bil, ac wrth iddo wneud ei ffordd tuag at yr eglwys, ataliodd Ieuan ef ar ei ffordd a'i wahodd i gydweithio ag ef yn y drwgfathu.

Ffig. 59: Cloddiad o 'Borthdy Mawr' yr abaty yn ei ffurf ôl-ganoloesol gynnar. Rhwystrwyd y ffordd wreiddiol drwy ganol yr adeilad gan gyntedd a drws newydd (blaendir) pan drowyd y strwythur yn stordy ar gyfer y masnachwyr a gymerodd drosodd y gwaith o gynhyrchu gwlân Ystrad Fflur am ffi flynyddol sefydlog 'ar fferm'.

Wel, fe gawsant eu darganfod a dyma'r naill yn rhoi'r bai ar y llall. Nid pwy oedd ar fai mewn gwirionedd sy'n ddiddorol yn yr hanes, ond yr arwydd o'r ffordd yr oedd y caeadle wedi newid. Gan fod y boblogaeth fynachaidd wedi lleihau, mae'n debyg iddi ddod yn llai neilltuedig, gyda lletu unigol mynachod yn hygyrch i bobl o'r tu allan. Gallai lleygwyr hefyd ddod yn rhan o'r addoli cymunedol, dynion fel Robert Blokeley a gafodd ei benodi i gadw'r organau yn Hailes mewn cyflwr da, eu canu, a chanu yn y côr. Roedd y mynachod yn addasu i amodau newydd.

Diystyrwyd y ganrif olaf o fywyd mynachaidd yn aml fel cyfnod o ddirywiad, yn rhagarweiniad i ddiddymu 'anochel' y mynachlogydd gan Harri VIII rhwng 1536 a 1540. Mae hanesion fel campau honedig y Brawd Richard Smith wedi cyfrannu at y naratif hwn. Da, felly, yw cwblhau'r disgrifiad hwn o fywyd mewn mynachlog Sistersaidd drwy nodi'r agweddau cadarnhaol. Roedd mynachod Sistersaidd yn dal i fod yn ymwybodol o berthyn i urdd fynachaidd ryngwladol, fel y gwelir yn y cyfnewid llythyrau rheolaidd rhwng abadau Sistersaidd Lloegr a Cîteaux, a rhai ohonynt yn ymwneud â materion Cymreig. Roedd abatai fel Cleeve, Hailes, a Forde yn buddsoddi'n hyderus mewn adeiladau newydd, ac adeiladodd yr Abad Marmaduke Huby o Fountains ei dŵr trawiadol ac atgyweiriodd faenorau'r abaty. Serch hynny, daeth y diddymiad, ac felly ddiwedd ffordd o fyw a oedd wedi parhau am fil o flynyddoedd ar wahanol ffurfiau, a thros bedwar can mlynedd o bresenoldeb Sistersaidd. Wedi dweud hynny, mae'r alwedigaeth Sistersaidd drwy'r byd wedi parhau, ac yn yr ugeinfed ganrif dychwelodd Sistersiaid i Gymru, i Ynys Bŷr, y gellir ymweld â hi mewn cwch o Ddinbych-y-pysgod, ac Abaty Holy Cross yn Hendy-gwyn ar Daf, gerllaw safle wrth galon y mudiad Sistersaidd canoloesol yng Nghymru.

Ffig. 60:
Golwg o'r adeiladau ar Ynys Bŷr, Sir Benfro, a grëwyd yn yr arddull Celf a Chrefft gan y pensaer John Coates Carter ychydig cyn y Rhyfel Byd Cyntaf. Ailsefydlwyd mynachaeth ar yr ynys yn wreiddiol gan Fenedictiaid Anglicanaidd, ond erbyn cwblhau'r gwaith adeiladu roedd y gymuned wedi troi at Rufain. Fodd bynnag, erbyn 1928, roedd y gymuned mewn dyled a gwerthwyd yr ynys i fynachod Sistersaidd Abaty Scourmont yng Ngwlad Belg sy'n berchen arni hyd heddiw gyda chymuned fechan o fynachod Sistersaidd yn parhau traddodiadau mawr yr urdd.

Ffynonellau a Deunydd Darllen Pellach

Austin, David 2022, *Ystrad Fflur: Hanes a Thirwedd Mynachlog Gymreig*, Ystrad Fflur: Ymddiriedolaeth Ystrad Fflur

Burton, Janet, and Julie Kerr 2011, *The Cistercians in the Middle Ages*, Woodbridge: Boydell

Burton, Janet, and Karen Stöber (eds) 2013, *Monastic Wales: New Approaches*, Caerdydd: Gwasg Prifysgol Cymru

Burton, Janet, and Karen Stöber 2015, *Abbeys and Priories of Medieval Wales*, Caerdydd: Gwasg Prifysgol Cymru

Kerr, Julie 2009, *Life in the Medieval Cloister*, Llundain: Continuum

Robinson, David M. 2006, *The Cistercians in Wales: Architecture and Archaeology, 1130–1540*, Llundain: Cymdeithas yr Hynafiaethwyr

Robinson, David M. and Colin Platt 2007, *Strata Florida [and] Talley Abbey*, 3rd edn (rev.), Caerdydd: Cadw

Williams, David H. 2001, *The Welsh Cistercians*, Leominster: Gracewing

Cydnabyddiaethau

Pleser yw cofnodi fy niolch i nifer o bobl yr wyf wedi dibynnu ar eu cymorth a'u cyngor. Rwy'n ddiolchgar i olygyddion y gyfres, yr Athro David Austin a'r Athro Dafydd Johnston, ac i'r cyntaf yn enwedig am y gwahoddiad i ysgrifennu'r llyfr hwn ar gyfer cyfres Ystrad Fflur ac am ei waith caled gyda'r darluniau. Darllenodd Dr Michael Carter o English Heritage ddrafft a gwnaeth sylwadau amdano gyda'i frwdfrydedd arferol. Bu fy ngŵr (fel y bydd bob amser) yn bwrw llygad caredig ond beirniadol ar y testun. Dros y blynyddoedd rwyf wedi dysgu llawer o gyrsiau ar y Sistersiaid ac mae cenedlaethau o fyfyrwyr wedi fy herio gyda'r math o gwestiynau rwyf wedi ceisio eu hateb yma. I'm myfyrwyr PhD ac MA sy'n cwrdd (ar-lein) mewn grŵp 'Ymchwilwyr Canoloesol Llambed' bob pythefnos, ac sydd, fel Michael, wedi darllen drafft cynnar a chynnig awgrymiadau: diolch yn fawr iawn.

Mae David Austin a minnau wedi treulio oriau hir yn Ystrad Fflur dros y blynyddoedd, yn troedio'r safle'n ddwfn mewn trafodaeth, ac rwy'n hoffi meddwl bod y ddau ohonom wedi elwa ar gyfnewid bywiog ein syniadau. Yn sicr, rwyf wedi dysgu gweld pethau mewn golau gwahanol. Dyma le priodol, rwy'n gobeithio, i ddiolch iddo am flynyddoedd o gyfeillgarwch.

Darluniau

Hoffem gydnabod y caniatâd a'r hawlfreintiau canlynol:

Creative Commons: Ffig. 1, 3, 5, 17, 21, 26, 29, 39, 42, 46, 60
Comisiwn Brenhinol Henebion Cymru (CBHC): Ffig. 2, 35, 51 (chwith)
Cadw: Ffig. 4, 14, 18, 24, 32, 36, 47
Y Llyfrgell Brydeinig: Ffig. 6, 37, 38, 49
Llyfrgell Bodley, Rhydychen: Ffig. 40
Dijon, Bibliothèque Municipale: Ffig. 41, 50
English Heritage: Ffig. 12
Llyfrgell Genedlaethol Cymru: Ffig. 31
Ymddiriedolaeth Ystrad Fflur: Ffig. 45, 59
Llyfrgell Prifysgol Caergrawnt: Ffig. 9
Thames and Hudson: Ffig. 28
Coleg Corpus Christi, Caergrawnt: Ffig. 53
Julian Ravest: Ffig. 25, 56
Michael Carter: Ffig. 55
David Austin: Ffig. 7, 8, 10, 11, 13, 15, 16, 19, 23, 27, 30, 34, 43, 44, 48, 52, 57, 58
Phil Cope: Ffig. 20, 22
Lowri Goss, Ffig. 51 (dde)
Prosiect 'Cistercians in Yorkshire' Prifysgol Sheffield Ffig. 33
Gwasanaeth Archaeoleg Gorllewin Swydd Efrog: Ffig. 54